Autodidacta
No. 205

Die Autodidacta-Serie

ist eine Sammlung der besten Vorträge, die im Rahmen der API-Seminarien und Kurse gehalten wurden. Sie dienen in der astrologisch-psychologischen Ausbildung der Vertiefung und Erweiterung des Studiums und sind auch für Anfänger geeignet. Einige Autodidacta-Autoren schaffen Bindeglieder zu anderen astrologischen Betrachtungsweisen und Querverbindungen zu angrenzenden Wissensgebieten.

Bis 1980 sind 20 Studienhefte mit verschiedenen Themen im DIN-A 4 Format erschienen. Davon sind noch einige in diesem Format erhältlich.

Ab 1980 erscheinen die astrologischen Studienhefte im handlicheren A-5 Format. Dies gilt auch für die **Sonderbände,** die wichtige Themen der Astrologischen Psychologie mit stark erweitertem Inhalt eines Autodidacta-Studienheftes enthalten.

Louise Huber

Entwicklungsprozesse im Horoskop

Dynamische Auszähl-

Methode Teil II:

Deutung der Plus- und Minuszahlen in den Tierkreis- Zeichen und Häusern

Verlag Astrologisch-Psychologisches Institut
CH-8134 Adliswil

Verlag Astrologisch-Psychologisches Institut
CH-8134 Adliswil/Zürich

Graphik: Michael-A. Huber
Satz: ARPA-Druck, CH-Langnau / Zürich
Druck: P.V. Werkdruck GmbH, D-Oberursel / Frankfurt

ISBN 3 85523 205 9

Inhaltsverzeichnis

Vorwort von Bruno Huber

Der Versuch, die Planetenstellungen in ihrer Verteilung im Horoskop quantitativ zu erfassen, geht in der astrologischen Geschichte nicht allzuweit zurück – vermutlich nicht weiter als etwa die Reformationszeit. Bis zum letzten Jahrhundert hat man sich darauf beschränkt festzustellen, wieviele Planeten in welchen Temperamenten und Kreuzen des Tierkreises stehen – sehr oft sogar nur in welchen Quadranten des Zodiaks. Erst in diesem Jahrhundert sind, vor allem im deutschsprachigen Raum, differenziertere Quantifizierungen, wie etwa durch Kündig, in Gebrauch gekommen.

Alle diese Systeme beschränken sich auf die Tierkreiszeichen und benützen ausserdem RELATIVE Zahlen (etwa Maximum 10 oder 100). So konnte nur festgestellt werden, wie die Gesamtheit der Planetenkräfte – die als Fixum aufgefasst wurde – über Temperamente und Kreuze verteilt liegt. Nun liegt es aber in der Natur der menschlichen Art, dass ihre einzelnen Individuen verschieden stark sind; ein relatives System trägt aber dieser Tatsache keine Rechnung.

Die vorliegende »Dynamische Auszählung« ist das Ergebnis fast zwanzigjährigen Experimentierens mit dieser Materie. Mich hat in meiner Grundlagenforschung immer die Fragestellung bestimmt, was eigentlich am einzelnen Menschen Erbanlage, und was Milieuformung oder Verhaltenssteuerung sei.

Die Forschungsergebnisse haben mittlerweile einwandfrei ausgewiesen, dass –entgegen bisheriger astrologischer Auffassung – die erziehungswirksame Umwelt des heranwachsenden Menschen im Horoskop niedergeschlagen ist. Sie kann durch eine verfeinerte Definition der Häuserstellungen der Planeten herausgearbeitet werden.

Mit der dynamischen Auszählung ist es mir schliesslich gelungen, diese Differenzierung genau quantitativ zu erfassen (Auszählung der Häuser) und sie der Tierkreiserfassung in einem absoluten Zahlensystem gegenüberzustellen.

Zwar ist dadurch die Auszählung um einiges komplizierter geworden. Doch wenn man die neu entstandenen Aussagemöglichkeiten sieht, die sowohl eine Unterscheidung zwischen Anlage und Verhalten wie auch eine exakte Erfassung des »de facto« -Energiehaushaltes ermöglichen, so meine ich, dass der Aufwand gerechtfertigt sei, vor allem weil dadurch viele Menschen eine akzeptable Erklärung für Schwierigkeiten in ihrer Selbstentfaltung und geistigen Entwicklung erhalten.

Ich möchte an dieser Stelle meiner Frau und meinem Sohn für die sorgfältige und anschauliche Darstellung dieses nicht einfachen Stoffes herzlich danken.

Bruno Huber

Astrologische und kosmische Entwicklungsgesetze

Der Astrologischen Psychologie liegt der Entwicklungsgedanke zugrunde. Sie basiert auf einer psychologischen Grundkonzeption, die den Menschen als Ganzheit erfasst: sowohl als menschliche Psyche in ihrem Eingewobensein in die Umwelt und in das kosmische Ganze, wie auch als *geistige Entität (Individualität),* die sich frei und bewusst zu beiden in Beziehung setzen kann.

Sie geht ferner davon aus, dass der ganzen Schöpfung ein Evolutionsplan zugrunde liegt. Ein Menschenleben entwickelt sich in einem stufenweisen Prozess von der Geburt bis zum Tod. In der ganzen Natur ist dieses Entwicklungsgesetz sichtbar. Es bewirkt ein ständiges Sich-Entfalten und Entwickeln, ein Keimen, Reifen und Sterben.

Das Verständnis für diesen Entwicklungsgedanken gibt uns einen richtigen Sinn für die *Zeit*. Wir überblicken automatisch einen grösseren Zeitraum. Eine neue Zeit-Dimension weitet unser Bewusstsein aus und hilft uns zu einem grösseren Verstehen der Gegenwart. Wir gewinnen einen Überblick über unser eigenes Leben wie auch über die Entwicklungsgeschichte der ganzen Menschheit.

Wir erkennen den *Sinn,* der hinter allem liegt. Alles, was mit uns geschieht, unterliegt dieser Entwicklungsdynamik und hat den Zweck, eine Abrundung, eine Vervollständigung und einen Ausgleich von Fehlentwicklungen innerhalb unserer Persönlichkeit zu erzielen, um schliesslich eine gewisse Vollkommenheit zu erlangen. Vollkommenheit heisst hier: ein ganzes, ungeteiltes und vollständiges Wesen zu werden.

Das ist im Grunde der Sinn unseres Lebens und auch der Astrologischen Psychologie. Von diesem Standpunkt aus ist alles sinnvoll, was wir erleben und was im Horoskop aufgezeigt ist, alles hat eine symbolische Bedeutung für unsere Weiterentwicklung. Das ist der Grundgedanke der astrologischen Entwicklungslehre.

Wir möchten jetzt diese in Beziehung zu der neuen Auszählmethode als ein dynamisches Entwicklungselement für die Persönlichkeitsentfaltung von verschiedenen Gesichtspunkten aus beleuchten.

Da unser persönliches Leben eingebettet ist in ein grösseres kosmisches Geschehen, ist es gut, wenn wir diese Gesetzmässigkeiten von oben nach unten, vom Grösseren zum Kleineren untersuchen. Wir betrachten zunächst einmal einen grösseren Wirkungsbereich der Entwicklungsgesetze, bevor wir unser relativ kleines menschliches Leben in seinen Entwicklungsmöglichkeiten verstehen können.

Mikrokosmos und Makrokosmos

Der Mensch ist bekanntlich ein Mikrokosmos im Makrokosmos, also ein kleines Abbild grösserer kosmischer Realitäten. Jeder Mensch ist nur ein Teil, ein winziger Teil, von einem unermesslichen und alles umschliessenden Ganzen – dem kosmischen Ganzen. Die Lebensenergien, die uns und die Natur durchdringen, sind die Energien des *einen grossen Lebens,* in dem wir leben, wirken und unser Dasein haben.

Die Beziehung vom Kleinen zum Grossen, von Mensch und Kosmos und die Betrachtung aller menschlichen Probleme vom Standpunkt des *einen Lebens* aus gibt die richtige Proportion und Orientierung, die richtige Bewertung und Beurteilung und ein tieferes Verständnis der Zusammenhänge.

Die Entwicklungen in der Natur und im Menschen streben immer einem Ausgleich, einer Abrundung zu. Wir können das überall beobachten: in der Biologie, im Leben der Tiere, im Leben der Menschen untereinander und auch im Kosmos, im Laufe der Planeten und Fixsterne, ja sogar der Galaxien. Eine unermessliche Ordnung regelt alles, hält alles im Gleichgewicht. Fällt einmal etwas aus diesem Gleichgewicht, dann findet die Natur Mittel und Wege – manchmal drastische und für den Menschen unverständliche – den Ausgleich wiederherzustellen. Alles, was uns aufgetragen ist, dient dieser Ganzwerdung, dieser Vervollständigung unseres Wesens.

Das Gesetz des Ausgleichs

Was ist das nun für eine geheimnisvolle Kraft, die das bewirkt? Welche Energien sind da am Werk, die Naturkatastrophen, Krankheiten, Kriege, Schicksalsschläge usw. auslösen, um einen Ausgleich herbeizuführen? Immer, wenn irgend jemand etwas falsch gemacht hat oder eine Entwicklung »über das Ziel hinausgeschossen« ist, dann werden Kräfte auf den Plan gerufen, die den Ausgleich wieder herstellen.

Wenn wir die Erscheinungen der heutigen Zeit in unserer Gesellschaft genau beobachten und vom Gesetz des Ausgleichs und der Entwicklung aus betrachten, dann können wir relativ leicht erkennen, dass viele Dinge deshalb geschehen, weil sich der Schwerpunkt nach irgendeiner Richtung hin ungünstig für die Gesamtentwicklung verschoben hat. Auch hier strebt die Natur danach, das Gleichgewicht wieder herzustellen, dies sowohl im Hinblick auf politische, soziale, wirtschaftliche wie menschliche Belange. Dieses Wissen um das Gesetz des Ausgleichs kann uns eine tiefe Beruhigung bringen, vor allem, wenn wir selbst voller Angst und Sorge die Geschehnisse um uns herum betrachten und unfähig sind, etwas dagegen zu tun – vielleicht gerade deshalb, weil wir uns dadurch aus dem Gleichgewicht bringen liessen. Positive und konstruktive Lösungen für die bestehenden Probleme findet man aber nur dann, wenn man sich dieser Gesetzmässigkeiten bewusst ist, sich auf die Lebensgesetze besinnt und in ruhiger objektiver Überlegung handelt. Der richtige Sinn für die Zeit und das Wissen, dass sie vieles heilt, hilft uns hier.

Die dreifachen Entwicklungsprozesse

Um diese Gesetzmässigkeiten noch tiefer verstehen zu können, wollen wir einen weiteren Standpunkt einnehmen. Genau genommen ist das Gesetz des Ausgleichs ein genereller Begriff, der verschiedene andere Gesetze einschliesst. Diese mögen im Wesen ähnlich sein, aber in ihrer Manifestation sind sie verschieden und stellen eine wichtige Grundlage für alle Entwicklungs- und Wachstumsprozesse dar. Sie haben astrologisch gesehen mit den drei Kreuzqualitäten zu tun, die im menschlichen Dasein verschiedene Impulse und Zielrichtungen verursachen und auf die tiefsten Motivationskräfte hinweisen.

1. Das Gesetz der Ökonomie oder der Analyse

Es ist ein ausgleichendes Gesetz und reguliert im menschlichen Leben die physische Seite der Erhaltung, des Besitzes und der Verwertung. Es regelt eigentlich alle natürlichen Vorgänge nicht nur auf der materiellen, sondern auf allen Ebenen. Es entspricht dem *fixen Kreuz* in der astrologischen Konzeption.

2. Das Gesetz des Wachstums oder der Synthese

Es ist das allem Leben innewohnende Entwicklungsprinzip, das den Zusammenhalt aller Formen durch einen zielgerichteten Willen zum Leben hervorbringt. Es kann mit dem Lebensprinzip selbst gleichgesetzt werden und entspricht dem *kardinalen Kreuz, dem Impulskreuz.*

3. Das Gesetz der Anziehung oder des Bewusstseins

Dieses ist das dritte und entspricht dem *beweglichen Kreuz.* Es ist das Ergebnis der Beziehung zwischen dem Gesetz der Ökonomie und dem Gesetz des Wachstums. Zusammen bringen sie als funktionelle Dreiheit den Schöpfungsvorgang im Grossen Ganzen und die Entwicklungsprozesse im einzelnen Menschen in Gange.

Mit dieser dreifachen funktionellen Einheit haben sich alle Weltreligionen seit jeher befasst. Das Gesetz der Ökonomie ist das leitende Prinzip Brahmas oder des Heiligen Geistes, das Gesetz der Synthese ist das Lebensgesetz des Vaters, des Willens; das Leben des Sohnes ist das der Anziehung, des Ausgleichs und der Liebe.

Dennoch sind diese drei nur die Untergesetze eines grösseren Impulses, der aus dem Zentrum allen Lebens selbst strömt und das Intelligenzprinzip der Substanz ist. In der indischen Philosophie wird es der göttliche Funke im Menschen genannt, das Fohat, das uns mit dem Leben des unmanifestierten Logos oder in religiöser Terminologie mit dem Transzendentalen der Gottheit selbst verbindet.

Das Selbst im Mittelpunkt des Horoskopes

In unserer Horoskopzeichnung wird es symbolisch im Kreis in der Mitte dargestellt, den wir immer offen lassen und keine Aspekte hindurchzeichnen. Hier ruht das Selbst, das innerste Wesen des Menschen, von dem aus der Impuls zur Manifestation, zum Leben erfolgt. Deshalb ist es wichtig, bei jeder Beurteilung des Horoskopes sich immer wieder auf dieses innere Zentrum zu besinnen, es als wirkende Instanz des Lebens zu sehen und zu berücksichtigen.

Das Selbst im Mittelpunkt des Horoskopes ist die Ursache aller Dinge. Über die Planetenkräfte drängt es nach aussen in die Lebensfelder oder Häuser hinein. Diesem Werdedrang sollten wir uns nicht widersetzen, sondern dafür empfänglich werden, uns ihm freudig überlassen. In Wirklichkeit ist es das Selbst im Mittelpunkt, das den Ausgleich von Fehlentwicklungen in uns vornimmt – meistens immer dann, wenn der Alterspunkt über wichtige Stellungen im Horoskop läuft. Dann ist nämlich eine direkte »Flussrichtung« vom Wesenszentrum zur Aussenwelt möglich. Wenn wir diese direkte Verbindungslinie vom innersten Selbst zur Lebenswirklichkeit bewusst wahrnehmen, dann werden wir erkennen, dass alle Dinge zum Guten gereichen, jede Entwicklung, auch wenn sie manchmal hart und ungerecht erscheint, einen Sinn hat und einem harmonischen Ausgleich zustrebt.

Aus dem Zentrum strömt die Überzeugung einer übergeordneten Kraft und einer allem zugrundeliegenden Ordnung des Lebens. Es ist der Ort des inneren Friedens, die Quelle allen Seins; alles, was störend wirkt, kehrt an seinen Platz zurück, wird durch die verwandelnde Macht des Selbst ausgeglichen.

Östliche Entwicklungslehren: Karma und Wiedergeburt

Die indische und die buddhistische Religion haben als Erklärung dieser Ausgleichsprozesse das Gesetz des Karmas und der Reinkarnation postuliert. Sie gehen von der Voraussetzung aus, dass dieses Leben in uns unvergänglich ist und keinen Tod kennt, dass nur die Form, der physische Körper, den materiellen Gesetzen unterliegt und stirbt. Der Geist, die Seele, das Selbst bleibt ewig bestehen und inkarniert sich nach den kosmischen Gesetzen der Evolution immer wieder neu auf Erden, um dadurch ein umfassendes Bewusstsein seiner selbst und des ganzen Universums zu erlangen.

Sie gehen davon aus, dass dem Menschen ein Evolutionsziel gesetzt wurde, und dass dieses Ziel unmöglich in einem einzigen Leben erreicht werden kann. Der Mensch hat deshalb viele Möglichkeiten, sich in verschiedenen Leben diesem Entwicklungsziel zu nähern. Der Wiedergeburts- oder Reinkarnationslehre der östlichen Religionen liegt die Entwicklung in zyklischer Reihenfolge zugrunde, bis der Mensch die erwünschte Vollendung erreicht hat und sich auf Erden als voll funktionsfähiger Sohn Gottes manifestieren kann.

Die Fragen »Woher komme ich?«, »Wozu wurde ich geboren?«, »Welches ist der Zweck meines Lebens?«, »Warum muss ich dieses Schicksal erleiden?«, »Warum haben es andere viel leichter als ich?«, werden durch das *Karma-Gesetz* erklärt. Dieses Gesetz von Ursache und Wirkung strebt immer nach einem Ausgleich in der Entwicklung. Alles, was ein Mensch denkt, wünscht oder tut, wird im grossen Energiespeicher des Kosmos aufgehoben und fällt eines Tages wieder auf ihn zurück. Damit werden die verschiedenen Schicksale der Menschen erklärt, warum der eine alles hat, was er braucht, und der andere sich um das natürliche und kreatürliche Überleben bemühen muss.

Das Karmagesetz hat nach der östlichen Weisheitslehre eine zweifache Wirkung: erstens wird der Mensch gezwungen, seine Schulden aus früheren Leben zu bezahlen, und zweitens wird er sich unter dem Gesetz von Ursache und Wirkung weiterentwickeln, indem er lernt, gewisse Dinge nicht mehr zu tun, weil er weiss, dass sie unerwünschte Wirkungen haben. Es ist die sich entwickelnde Intelligenz, das Unterscheidungsvermögen und die Willensentscheidung, die befreiend wirken.

Und hier stimmen wir wieder mit der psychologischen und astrologischen Selbstschulung überein. Durch Konflikte und Reibung wird der Mensch gezwungen, Fähigkeiten zu entwickeln, die er vorher nicht gehabt hat, die aber in seinem Unbewussten schlummerten, also latent vorhanden waren. Aus Erfahrungen lernen wir, uns immer mehr mit unserem innersten Wesen und unserer Umwelt in einen positiven Austausch zu bringen. Durch Bewusstwerdung unserer innersten Wesenheit können wir uns immer mehr von den zwingenden Gestirnseinflüssen befreien, die sich aus unbewussten Triebkräften, psychischen Fehlhaltungen, unnötigen Befürchtungen und Absicherungs-Tendenzen, Schuldgefühlen und Zwangsvorstellungen oder mit anderen Worten aus unserem Karma ergeben.

Schliesslich ist es nicht wichtig, welchen Namen wir diesen wirkenden Kräften geben, wenn wir sie nur richtig verstehen und richtig einordnen können. Schon alleine die

Erkenntnis, dass zum Beispiel Probleme aus der Erbanlage, aus Milieuübertragungen, der Vater- und Mutter-Beziehung entstehen, oder auch das Wissen, dass die Ursache von Schwierigkeiten im Karma liegen, können dem Menschen helfen, sich davon zu befreien oder wenigstens eine andere Einstellung dazu zu gewinnen.

Bewusstwerdungs-Prozesse

Die psychologische Forschung der letzten Jahrzehnte hat entdeckt, dass Erlebnisse, besonders aus der Kindheit, solange einen Zwang auf das Denken, Fühlen und Verhalten ausüben, als sie im Unbewussten und Unerkannten wirken. Sobald sie ins Bewusstsein kommen, wird ihr Zwang durchbrochen und man kann daran arbeiten, ihre Wirkungen aufzuheben. Auch das Ererbte und Anerzogene beherrscht uns solange, bis wir durch Selbsterkenntnis allmählich darangehen können, falsche Verhaltensweisen abzubauen. Natürlich beseitigen solche Selbsterkenntnisprozesse nicht sofort das Angeborene, Anerzogene, aber wir gewinnen die nötige Distanz dazu und können schon alleine dadurch eine neue Haltung erzielen. Wir sind nicht mehr dem Wirken unbewusster Kräfte ausgeliefert, sondern wir können durch die Erkenntnis etwas dagegen tun.

Das unterscheidet den Menschen auch vom Tier. Denn das Tier kann seine Reaktionen und sein Sein nicht reflektieren und ist deshalb nicht für sein Verhalten verantwortlich. Seine Gestalt, Organbildung und sein Instinktverhalten sind auf die Umwelt abgestimmt. Beim Menschen ist dies nicht der Fall. Er kann sich dank seiner eigenen Individualität und seiner Intelligenz auf sehr verschiedene Weise auf Umweltsbedingungen einstellen und sie nach seinen Bedürfnissen umgestalten. Unsere zivilisatorischen Güter und technischen Errungenschaften sind ein Ausdruck davon.

Anlage und Umwelt – Entwicklungsdynamik

Um eine grössere innere Freiheit zu gewinnen und die Ausgleichskräfte in uns zu verstehen ist es eine grosse Hilfe, anhand des Horoskopes zu erkennen, welche Umwelteinflüsse uns bestimmen. Das erkennen wir aus der Stellung der Planeten in den Häusern. Das Häusersystem im Horoskop bedeutet sowohl die Umwelt wie auch die Sensibilisierung auf die Umwelt. Es zeigt die Erziehungswirkung, die Milieueinwirkung in der Jugend, die eine bestimmte Konditionierung oder Empfindlichkeit gegenüber der Umwelt bewirkt.

Der Zodiak, die Tierkreiszeichen, zeigen die ursprüngliche Anlage an. Darin sind die Erbfaktoren enthalten, vorwiegend in den Stellungen der Planeten in den Zeichen. Dazu gehört auch das Aspektbild, denn der Stand der Planeten in den Zeichen ergibt die ganz spezifischen Aspektstrukturen, die jeweils im Horoskop vorhanden sind. Auch diese gehören zur ursprünglichen Anlage, obwohl das Aspektbild möglicherweise eine tiefere Prägung ist, die mit Erbstrukturen nur bedingt und in Ansätzen zu tun hat.

Bei der Betrachtung eines Horoskopes müssen wir damit anfangen festzustellen, in welchem Grade und in welcher

Art dieser Mensch durch sein Milieu strukturiert wurde und in welcher Weise er sich gegenüber der Umwelt verhält. Die meisten Probleme des Menschen bestehen nicht ursprünglich in seiner Anlage, sondern immer im Konflikt zwischen Anlage und konkreter Lebenssituation, das heisst zwischen »was ich bin« und »was die Welt von mir will«. Das erkenne ich daran, inwieweit das Häusersystem gegenüber dem Tierkreis verschoben ist, was wieder vom Aszendenten abhängt. Wenn man das weiss, kann man sich damit auseinandersetzen und Müssen und Wollen, also Häuser (konkrete Lebensforderung) und Tierkreiszeichen (das innere Wollen) in Übereinstimmung bringen. In Unkenntnis dieser Zusammenwirkung leiden wir meistens unter dem Müssen und unter dem Zwang einer Situation oder einer Umweltsforderung. Das schafft Schwierigkeiten, weil das Unterbewusstsein es nicht akzeptieren kann. Interessant ist nämlich, dass das Unterbewusstsein dieses Wollen und Müssen unterscheidet und es ist befreiend, wenn dieses unbewusste Wissen ins Bewusstsein gehoben wird.

Zeichen und Häuser-Diskrepanz

Bei der dynamischen Auszählung handelt es sich um eine Methode, mittels der wir die Diskrepanz zwischen Anlage und Milieueinwirkung, zwischen Können und Müssen, zwischen dem eigenen Wollen und der konkreten Lebenssituation ermitteln können. Wie bereits erwähnt, besteht diese in der Zusammenwirkung von Häusersystem und Tierkreis – wie diese gegeneinander verschoben sind.

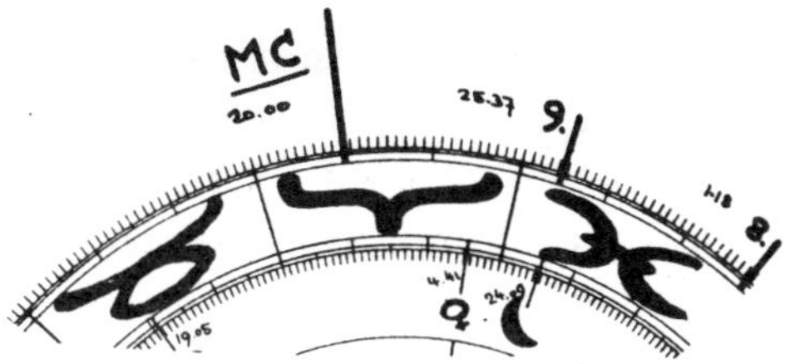

Wenn das Zeichen Widder im 10. Haus steht, wie in unserer Zeichnung, dann haben wir am Aszendenten meistens das Zeichen Krebs und Löwe im 1. Haus. Dadurch ergeben sich gewisse Veränderungswerte, von den Kreuz- und Temperamentsqualitäten her. Krebs als kardinales Zeichen passt zum ersten kardinalen Widderhaus, Löwe als fixes Zeichen passt nicht in das kardinale 1. Haus vom Kreuz her. Hingegen entspricht das Feuertemperament dem 1. Feuerhaus, denn Widder ist ein Feuerzeichen. Jedenfalls ergibt sich durch diese Verschiedenheiten ein Spannungsgefälle zwischen Zeichen und Haus oder zwischen Anlage und konditionierter Muss-Situation im Leben, die eine Entwicklung bewirkt.

Wirkungsweise der dynamischen Auszählung

Wir können dieses Spannungsgefälle mit einem aufziehbaren Uhrwerk vergleichen. Wenn Tierkreis und Häusersystem übereinstimmen, können wir von einer Gleichschwingung von kosmischen und weltlichen Kräften sprechen, oder von einer Spannungslosigkeit. Wenn wir in unserer Vorstellung noch weitergehen, können wir alle Planeten an ihren Ursprungsort, ihren ureigenen Ort

setzen. So haben wir die Wesenskräfte der Planeten zusammen mit den Häuser- und Zeichenkräften auch am richtigen Ort stehen. Verdrehen wir nun das System nach jemands Geburtshoroskop und stellen uns vor, dass alles mit einer Federkraft verbunden ist und sich zurücksehnt nach der Einheit, nach dem ruhenden Urzustand, so kann dies eine Spannungsgrösse ergeben, die in uns als dynamische Entwicklungskraft wirksam ist. Diese Vorstellung entspricht in etwa auch derjenigen, die die Physiker von der Welt haben, insofern alles in der Natur, solange es sich bewegt, Spannungsdifferenzen unterliegt. Durch die verschiedenen Bewegungen sowie aus den Entladungen von Spannungen entstehen immer wieder neue Spannungen, die ein gigantisches Geschehen im Kosmos und im Menschen bewirken und schlechthin die Dynamik des sich entfaltenden Lebens darstellen.
Mit unserer dynamischen Auszählung erfassen wir in gewissem Grade, vielleicht nicht vollumfänglich, diesen bis jetzt verborgenen Spannungswert, der tief in uns eingeboren ist. Er ist die Zugkraft oder das Entwicklungspotential, das uns alle gemeinsam einem Entwicklungsziel zutreibt, von dem wir keine klare Vorstellung haben können. Dieser Gedanke, dass wir damit die Entfernung von unserem Urort, von unserem Ausgangs- und Endpunkt erfassen können, öffnet ganz neue psychologische und geistige Perspektiven, denn wir berühren damit etwas sehr Ursprüngliches im Menschen, seine grosse innere Sehnsucht zurückzukehren zu einer letztgültigen Einheit oder zu seiner Urheimat.

Neben dieser mehr philosophischen Bedeutung der Auszählung gibt sie uns auch ganz konkrete Hinweise auf unsere Entwicklungsmöglichkeiten. Des weiteren bestehen in einem Horoskop noch ganz andere Spannungs- und

Entwicklungspunkte. Überall gibt es ein Energiegefälle verschiedenster Art: Planetenbetonungen, Zeichenstellungen, Tal- oder Totpunkte, starke Punkte von Zeichen an schwachen Punkten von Häusern etc. Dazu kommen noch die Aspekte.

Im Horoskop sind immer eine Sammlung von solchen Energiegefällen vorhanden, die kreuz und quer liegen. Aber die Spannungsdifferenziale zwischen Häusersystem und Tierkreiszeichen gibt uns einen ganz bestimmten Schlüssel in die Hand, und zwar den, dass die Kreuze und Temperamente in den Zeichen und Häusern bei der Auszählung jeweils eine Plus- oder Minus-Zahl ergeben. Diese Zahlen zeigen an, in welcher Weise wir zur Abrundung unserer Persönlichkeit kommen können. Damit enthalten sie sehr wesentliche Schicksals- oder Entwicklungskomponenten, mit denen wir im Leben sofort etwas anfangen können. Wir können dann selbst einen Ausgleich zwischen den verschiedenen Faktoren, Eigenschaften, Erbanlagen, Schwächen und Stärken, bewirken. Dann kann jener Gleichgewichtszustand erreicht werden, der das Privileg einer in sich ruhenden Persönlichkeit ist, die fähig wird, die Komplexität des Lebens zu bejahen und fest in der Mitte der ständig wechselnden inneren und äusseren Bedingungen zu stehen. Die innere und äussere Welt bilden eine Einheit. Mit anderen Worten könnte man es auch als eine Aussöhnung zwischen Mensch und Welt bezeichnen, eine Gleichschaltungder vorhandenen konkreten Lebensmöglichkeiten mit dem innersten Wesenszentrum. Dann wird das, was die Umwelt von uns verlangt, nicht mehr als Zwang, sondern als Aufgabe betrachtet, und das ist ein wesentlicher Unterschied. Wir gewinnen eine neue Einstellung zu allen Dingen!

Ganzheitsbetrachtung

Die Astrologische Psychologie bemüht sich, den Menschen immer als eine Ganzheit aufzuzeigen, mit dem Ziel, dass der Mensch als einheitliches Ganzes zur Wirksamkeit kommt und nicht als ein in sich selbst gespaltenes Wesen, das die Umwelt als Belastung, als Druck oder Zwang erlebt und in Widerstreit mit dem inneren Wollen unfähig wird, sich selbst zu leben – und somit durch die Umwelt manipulierbar ist.

Auch im Horoskop wird der ganze Mensch dargestellt, er ist sowohl das innerste Wesenszentrum wie auch die Bewusstseinsstruktur (das Aspektbild mit den Planeten), die Tierkreiszeichen und das Häusersystem. Aus dem Horoskop erkennen wir einerseits, welche Sensibilisierung durch das Häusersystem auf den Menschen aufgeprägt wurde und andererseits, welche Aufgabenstellung und welche Schicksalsforderung er mitgebracht hat. Damit kann er sich dann auseinandersetzen und sich schliesslich damit identifizieren, um in Einklang mit den Forderungen und Möglichkeiten der Welt zu kommen. Die meisten Menschen, die im Konflikt mit ihrer Umwelt leben, wollen etwas anderes sein, als was sie sind. Oder sie klagen die Umwelt an und machen diese für ihr Versagen, für ihre Fehler verantwortlich.

Um uns dieser Umwelt besser bewusstzuwerden und eine Integration mit ihr zu erreichen, sollten wir unser Bewusstsein vom Zentrum, vom Kreis in der Mitte, über das ganze Horoskop bis zur äussersten Peripherie ausweiten, gleichsam mit unserer eigenen inneren Potenz heraus in die Welt hineinwachsen, diese als etwas Eigenes erkennen, von ihr Besitz ergreifen, uns integrieren und uns mit ihr eins fühlen. Aus diesem Einheitsbewusstsein heraus kann man sich positiv und stets gegenwärtig auf die inneren und äusseren Erfordernisse einstellen, aber auch hier wieder mit einer ganz neuen, aber liebevollen Hinwendung an die vorhandenen Dinge.

Anpassungszwänge oder Aufgabenstellung

Aus den vorangegangenen Ausführungen geht hervor, worum es bei den Ausgleichs- und Entwicklungsgesetzen und bei der dynamischen Auszählung geht. Wir verstehen dann auch, dass die Auswertung der Zahlenwerte etwas ganz anderes für uns bedeutet als den Anpassungszwang, den die Sozialpsychologen von heute applizieren. Wir gehen sogar so weit zu sagen, dass der Mensch, der nach Selbstverwirklichung strebt, sich niemals bedingungslos anpassen darf, nur weil es die Umwelt so von ihm will, also unter Druck. Er soll und muss sich solange weigern, diesem Druck zu folgen, bis er weiss, warum. Erst mit der Beantwortung dieser Warum-Frage kann er aus eigener Erkenntnis und aus eigenem Wollen heraus sich der Welt positiv zuwenden, seine Aufgaben erfüllen; und wenn diese dieselben sind, die vorher die Welt von ihm gefordert hat, um so besser.

Das heisst, man kann seine Welt selbst bestimmen, auch wenn diese im Sinne der Sensibilisierung ist. Das ist etwas ganz anderes als sich adaptieren zu lassen. Um die dynamische Auszählung richtig zu verwerten, ist es wichtig, diesen Unterschied stets vor Augen zu haben. Es ist in einem tieferen Sinn auch die Freiheit des Menschen, wonach er selbst entscheiden kann, ob er freiwillig aus eigener Erkenntnis heraus sich der Welt zuwendet, die Aufgaben annimmt, oder ob er sich davon frei zu machen versucht und einen neuen, für ihn besseren Weg geht.

Entwicklung und Kultivierung des Selbstbewusstseins

Die Freiheit des Menschen wächst in dem Masse, als sein wahres Selbstbewusstsein zunimmt, Zwangshandlungen und Determinanten erkannt und durch den eigenen freien Willen eine neue Wirklichkeit geschaffen wird.

In diesem Entwicklungsgeschehen gibt es drei Stufen. In der ersten sind wir blind, ausgeliefert, unbewusst. Wir wissen nicht, dass es für uns auch andere Lebensmöglichkeiten gibt. In der zweiten Stufe lehnen wir uns auf, stellen unser eigenes ICH den unerwünschten Zwängen entgegen, wir sind kämpferisch und entwickeln uns durch eigene Erfahrungen. In der dritten Stufe werden wir wissend und schöpferisch. Wir erschaffen unsere eigenen Lebensbedingungen, die unseren wirklichen Fähigkeiten entsprechen.

Astrologisch kann man das so erklären: Wir werden mit einem bestimmten Horoskop geboren. Da sind Planetenkräfte, psychologische Funktionsorgane, die durch die Zeichen ihre ganz spezielle Energie und Qualität erhalten und im Häusersystem konditioniert werden. Diese Wesenskräfte arbeiten zuerst einmal in ihrer Urqualität, man könnte sagen in ihrer päsenten Rohform. Diese ist weitgehend unbewusst. Durch das Leben erst lernen wir, wie diese Funktionsorgane betätigt und eingesetzt werden können. Dadurch erhalten wir langsam die Möglichkeit, diese Energien zu entdecken. Im Endeffekt geht es um die Bewusstmachung dieser Wesenskräfte, um ihre erfolgreiche Kultivierung und Anwendung im Leben. Dadurch, dass man differenziertes Bewusstsein über irgendetwas erlangt, kann man in verfeinerter Form über diese Kräfte oder über diese Mechanismen verfügen. Das ist eine Urgesetzmässigkeit psychischer und geistiger Erkenntnis.

In der Astrologischen Psychologie müssen wir umdenken lernen, die alten formalistischen Massstäbe gelten hier nicht mehr. Es geht darum, den Weg zum eigenen Selbst zu finden. Das ist eigentlich auch das Wesentlichste für den modernen Menschen, nämlich Selbsterkenntnis und Bewusstheit über sich und seine Möglichkeiten in der Welt zu erlangen, indem er die einzelnen Teile und Bereiche seines Wesens immer feiner und differenzierter einsetzen kann. Je klarer wir unsere einzelnen Fähigkeiten erkennen, um so kultivierter funktionieren wir damit. In diesem Sinne sind wir ständig innerlichen und äusserlichen Wandlungsprozessen unterworfen, die sich vorwiegend in der Diskrepanz oder der Verschiebung zwischen Zeichen und Häusern erkennen lassen. Hier besteht eine gewisse Entwicklungsdynamik, eine Art Reibung, die wir mit der Auszählmethode in Zahlenwerten festhalten können.

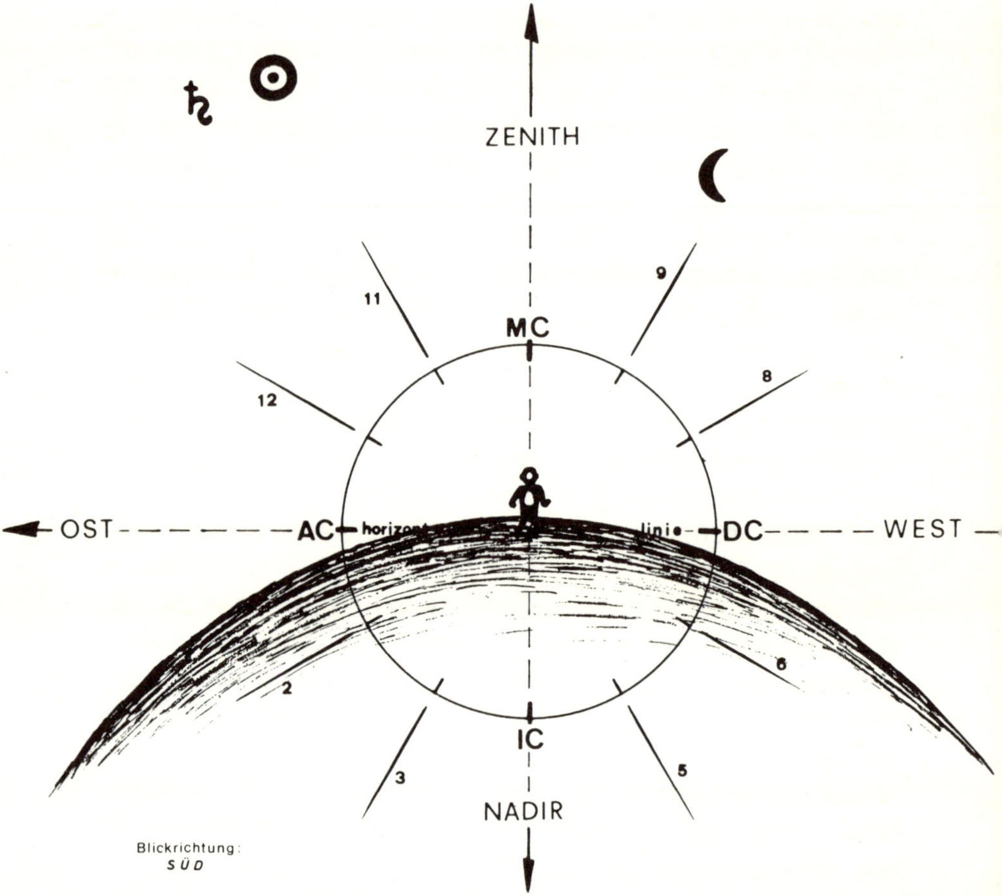
ZENITH
MC
11
9
12
8
OST
AC
horizont
linie
DC
WEST
2
6
IC
3
5
NADIR
Blickrichtung:
SÜD

Die dynamische Auszählmethode

Die Berechnungsanleitung für die Ermittlung dieser Zahlenwerte können Sie in dem Autodidacta-Heft Nr. 302 »Die dynamische Auszählmethode Teil I« von Michael-A. Huber nachlesen. Hier sei nur kurz nochmals erwähnt, wie wir praktisch vorgehen. Wir ermitteln in Zahlenwerten die Stellungen der Planeten in einem kardinalen, fixen oder veränderlichen Zeichen und Haus oder in einem feurigen, erdigen, luftigen oder wässrigen, entsprechend den drei Kreuzen und den vier Temperamenten.

Wir ermitteln mit der Auszählung Plus- oder Minuszahlen in den Kreuzen und Temperamenten, deren Kombination ein Zeichen und das entsprechende Haus ergibt. Wenn wir beispielsweise plus 30 kardinal und plus 25 Feuer erhalten, dann betrifft dies das kardinale Feuerzeichen Widder. Es ist das erste Zeichen im Zodiak und entspricht damit dem ersten Haus im Häusersystem.

Auswertungs-Anleitung

Bei diesen ermittelten Werten handelt es sich – wie schon erwähnt – um eine mathematische Erfassung der Diskrepanz zwischen Anlage (Zeichen) und Umweltforderung (Häuser). Wir erfassen mit dieser Auszählung den Energiehaushalt eines Menschen in sehr differenzierter Weise. In diesem Sinne ist sie eigentlich eine Energiestatistik, die uns einen verhaltenspsychologischen Schlüssel gibt.

* DYNAMISCHE AUSZAEHLUNG *

TOTAL	KREUZE MOTIVATION				TEMPERAMENTE VERHALTEN			
Punkte	Card.	Fix	Ver.		Feuer	Erde	Luft	Wasser
96	38	44	14	ZEICHEN	18	23	20	35
104	28	52	24	HAEUSER	29	39	14	22
+8	-10	+8	+10	DIFF.	+11	+16	-6	-13

-23 Cancer
+26 Virgo
+21 Sagittarius

Die Dynamische Auszählung, wie sie auf allen Ausrechnungsbogen der Astrodata-Horoskope unten rechts bereits ausgerechnet vorliegt, setzt sich aus folgenden Zahlen zusammen:

Die oberste Reihe (in der Mitte mit »Zeichen« benannt), stellt die Auszählung der Planeten in ihren Zeichenstellungen dar. Dies sind die »angeborenen« Fähigkeiten oder kurz: die Konstitution.

Die mittlere Reihe zeigt die Planeten in ihren Häuserstellungen. In diesen Zahlen wird die Wirkung der erziehenden Umwelt und damit die modifizierende Kraft der Konditionierung als solche sichtbar.

Die dritte Reihe besteht aus den Differenz-Zahlen (DIFF). Diese Plus- oder Minuszahlen sagen aus, was stärker war in der Werdephase des Menschen: die Anlage (Minuszahlen) oder die Erziehung (Pluszahlen).

Ganz unten stehen Tierkreiszeichen mit Plus- oder Minuszahlen. Sie sind *Kombinationen* aus den Differenz-Zahlen. Sie erfassen resultierende Ziele oder Strebungen und müssen nach Massgabe (siehe weiter unten) als Zeichen *oder* Häuser aufgefasst werden.

Die Zeichen stellen das konstitutionelle Energieangebot dar und die Häuser die Nachfrage, die aus der Umwelt kommt. Wenn die Häuserzahl höher ist als die Zeichenzahl, die Häuser also eine Pluszahl erhalten, dann deutet dies auf eine zwangshafte, wenngleich zielgerichtete Prägung durch die Umwelt. Bei sehr hohen Zahlen auch auf Ausbeutung der eigenen Energiereserven in diesem Raum, mit einem möglichen Energiedefizit. Dieses wird sehr oft dadurch wieder wettgemacht, indem Energien aus Bereichen mit Minuszahlen abgezogen werden (Kompensation).

Wenn die Zahlen umgekehrt liegen, also eine Minuszahl der Häuser erscheint, dann bedeutet dies eine erhöhte Chance dem Wesen gemäss zu leben, kann aber auch eine Energiestauung mangels Nachfrage aus der Umwelt für diese spezielle Energieart bewirken. Häufig fliessen die anlagemässig vorhandenen Kräfte nicht genügend in die Umwelt ab, was sie dazu veranlasst, innerhalb des psychischen Haushaltes in Bereiche abzufliessen, für die sie nicht geeignet sind. Dies kann zu einem überkompensatorischen Verhalten in Häusern mit Pluszahlen und in Ausnahmefällen bei extremen Werten der Plus- und Minuszahlen zu Krankheits-Reaktionen führen.

Wenn wir diese ermittelten Plus- oder Minuszahlen auswerten und ausgleichen wollen, dürfen wir in keiner Weise nur quantitativ vorgehen, wie hier ein bisschen mehr und dort ein bisschen weniger. Es sind mathematische Begriffe, die uns auf qualitative Unterschiede aufmerksam machen, die wir ins Gleichgewicht bringen sollen. Wie bereits vorher erwähnt, erkennen wir die Diskrepanz zwischen Erbanlagen, also unserem inneren Vermögen, unserem Können und den Forderungen oder Muss-Situationen im Leben sowie den Grad der Freiheit, der aus dieser Gegenüberstellung sichtbar wird. Dabei sollen wir immer den Unterschied zwischen Quantität und Qualität berücksichtigen.

Wir dürfen auch bei der Auslegung nicht in den alten Dualismus verfallen und einfach sagen: Plus ist gut, minus ist schlecht. So einfach ist das nicht, denn diese Auszählung zeigt sehr subtile Differenzierungen, die zwar quantitativ erfasst, aber nur qualitativ richtig gedeutet werden können. Richtig verstanden, zeigen sie die Entwicklungen in den einzelnen Lebensgebieten an, die eine Angleichung von Anlage und Milieueinwirkung bewirken. Deshalb sollten diese regulierenden Kräfte immer in bezug auf etwas Drittes, das erreicht werden sollte, oder als Situation, an der man reifen muss, gesehen werden. Des weiteren sagen die Plus- bzw. Minus-Zahlen nichts darüber aus, ob wir es hier mit einem Anpassungsprozess oder aber mit einem Wachstumsprozess zu tun haben. Dies hängt weitgehend vom eigenen Erkenntnisgrad ab

und von der inneren Fähigkeit, selbständig und unbeeinflusst zu denken und zu handeln.
Das Kriterium also, Pluszahlen bedeuteten, dass man die Kreuze, die Temperamente, die Zeichen oder die Häuser forciert ausleben müsse und umgekehrt, die mit Minuszahlen unterdrücken oder ausschalten sollte, ist nicht richtig. Wenn wir das Ganze im Auge behalten, erkennen wir, dass es eigentliche Entwicklungs- und Ausgleichsprozesse sind, die die Persönlichkeit abrunden und zum Wachstum anreizen. Wir müssen also die Auszählzahlen immer aufs Ganze beziehen und die Plus- und Minuszahlen als sich ergänzende Qualitäten sehen lernen. Dann finden wir auch das richtige Gleichgewicht in uns selbst und mit der Umwelt.

Ein weiteres Kriterium ist bei der Bewertung wichtig und hilfreich, nämlich, dass die Energiebewegung grundsätzlich von den Zeichen zu den Häusern geht. Die Zeichen als Erbanlagen sind primäre Strukturen, die Erziehung und Milieueinwirkung sekundäre. Wenn wir bei der Lösung von Problemen in den Häusern nicht mehr weiterkommen, ist es ratsam, zu den Zeichenqualitäten zurückzukehren. Wenn uns beispielsweise im dritten Haus ein Lernzwang auferlegt wird und wir in einen verkrampften Zustand geraten, dann können wir die Zeichenqualität, die sich in diesem Haus befindet, als Ausgleichselement benutzen. Falls dort zum Beispiel das Zeichen Fische steht, dann dürfen und sollen wir ab und zu träumen, weil für ein Fischezeichen der Traumzustand Entspannung und Erholung bedeutet und es im Nichtstun sich regeneriert.

Beispiel

Wir werden jetzt versuchen, die Auswertung anhand eines Beispieles zu erläutern. Bei allen Astrodata Horoskopen haben wir auf dem Analysenblatt bei den Zahlenkolonnen unten die Auszählzahlen bereits errechnet. Sie können diese jedoch auch selbst anhand des Autodidacta-Heftes Nr. 302 errechnen, das eine genaue Anleitung gibt.

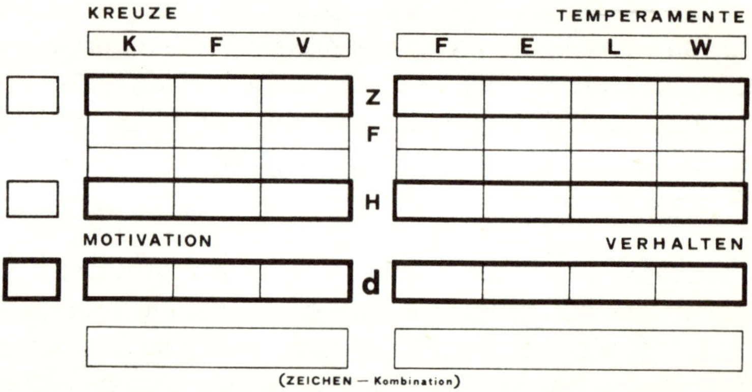

Auf der Analysentabelle haben wir zwei Hälften. Die erste bezieht sich auf die Kreuze (Motivation), die zweite auf die Temperamente (Verhalten). Der obere Balken (Z) bezieht sich auf die Zeichen (Erbquote), der mittlere (H) auf die Häuser (Formungsquote) und der unterste (d) auf die Differenz zwischen Zeichen und Häusern oder Anlage und Milieueinwirkung.

Wir unterscheiden bei der Auszählmethode Plus- und Minuszahlen

1. in den Kreuzqualitäten
2. in den Temperamenten
3. in den daraus resultierenden Zeichen
4. in den Häusern
5. in der Gesamt- oder Stresszahl

Für die Bewertung müssen wir natürlich die Qualitäten der verschiedenen astrologischen Elemente gut kennen. Wir wollen sie hier nur kurz beschreiben. Beginnen wir mit den Kreuzen und Temperamenten.

Bewertung der Zahlen in den Temperamenten

(Über die Kreuz- und Temperamentsqualitäten finden Sie eine ausführliche Beschreibung im Autodidacta-Heft »Intelligenz im Horoskop« von Bruno Huber).

Die Temperamente: Feuer, Erde, Luft und Wasser sagen aus über die Art und Weise, wie wir etwas tun, also über unsere Verhaltensweisen. Die Temperamente können wir einteilen in die ICH- und die DU-Temperamente.

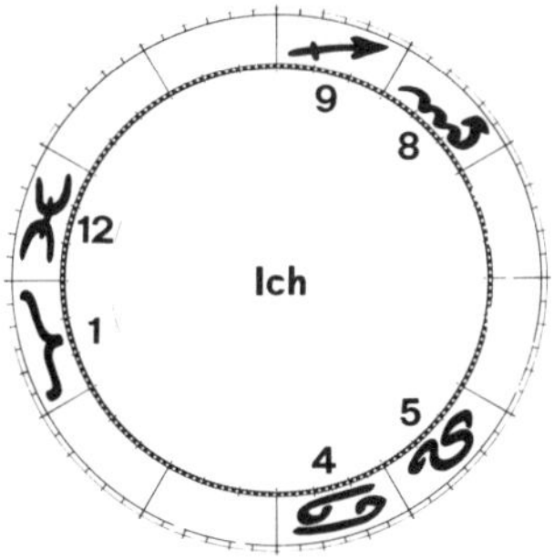

a) Plus/Minus in den Feuer- und Wasserzeichen, den ICH-Temperamenten

Widder, Löwe, Schütze und Krebs, Skorpion, Fische sind die ICH-Temperamente, die sich vorwiegend im subjektiven Empfinden erleben (Feuer = Intuition, Wasser = Gefühl). Wenn es sich dabei um Pluszahlen handelt, dann zeigt dies an, dass das ICH stärker zur Entfaltung kommen soll. Bei Minuszahlen hingegen geht es um eine Zurücksteckung persönlich-egoistischer Verhaltensweisen. Es sind also regulierende Kräfte am Werk, wodurch das ICH eine Umformung erfährt.

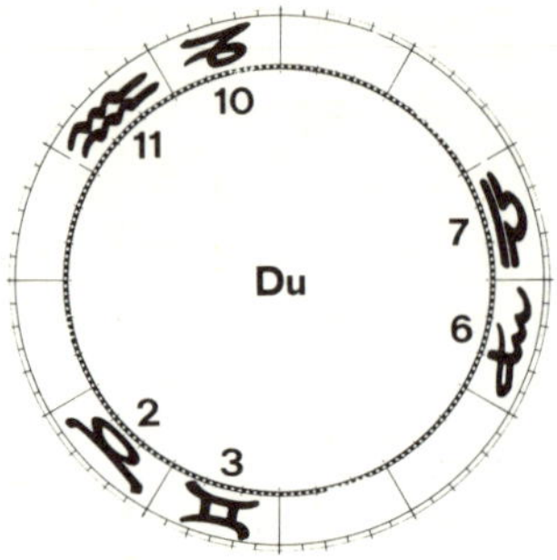

b) Plus/Minus in den Luft- und Erdzeichen, den DU-Temperamenten

Zwillinge, Waage, Wassermann und Stier, Jungfrau, Steinbock sind die sogenannten DU-Temperamente. Sie erleben sich im objektivierten Denken (Erde konkret, Luft abstrakt). Hier geht es um das soziale Verhalten, die rechten menschlichen Beziehungen. Man muss sich bei Plus-Zahlen mehr um das DU bemühen, sich entsprechend dem DU anpassen oder feinfühliger werden. Bei Minuszahlen geht man zu sehr auf das DU ein und hat häufig keine eigene Meinung, lässt sich beeinflussen und sucht seine Selbstbestätigung durch das DU. Hier muss man sich dann mehr auf sich selbst besinnen, selbständiger und unabhängiger werden.

Bewertung der Zahlen in den Kreuzen

Bei den Kreuzen kardinal, fix und veränderlich handelt es sich um unsere innere Motivation, unsere Denkweise und Einstellung und um unsere Erwartungen, die wir im Leben haben.

Der kardinale Typus (Widder, Krebs, Waage und Steinbock) will die Welt verändern, umgestalten nach verschiedenen Methoden. Der fixe Typus (Stier, Löwe, Skorpion und Wassermann) will die Substanz richtig einsetzen, das Bestehende erhalten und auswerten. Der veränderliche Typus (Zwillinge, Jungfrau, Schütze und Fische) hat als Grundmotiv Verändern, Lernen, Erfahren, Geniessen.

Die Kreuze stellen eine Dreiheit dar und sind die tiefsten Antriebskräfte des Menschen. Die Dreiheit liegt immer der Vierheit zugrunde, sie liegt an der Wurzel und ist von bestimmenderer Art, weil sie auf der Ebene der Motivation liegt.

Während die Temperamente als Vierheit grundsätzliche Aussagen machen über die Methodik, die Verhaltensweise, die Werkzeuge, die ein Mensch im Leben benutzt, so sagen die Kreuze aus über den Geist, der dahintersteht, über die innersten Beweggründe. Es ist ein erheblicher Unterschied, ob ich mich kardinal oder fix der Welt annähere; aber ob ich dies feurig oder luftig tue, ist ein relativ kleiner Unterschied. Hier geht es nur um die Verhaltensweise, und die ändert nichts daran, dass ich zum Beispiel grundsätzlich mit einer wechselhaften Rhythmik an alles herangehe, die dem veränderlichen Kreuz entspricht.

Wollen wir wissen, wie ein Mensch motiviert ist und welche

geistigen Entwicklungsgesetze ihn bewegen und antreiben, dann finden wir vom Temperament her keinen Hinweis. Da müssen wir die Kreuze befragen.

a) **Plus/Minus im kardinalen Kreuz** (Impulskreuz)

Die Anwendung der Plus- und Minuszahlen in den Kreuzen bezieht sich auf die Kultivierung oder Wandlung der Grundmotivation. *Pluszahlen* im kardinalen Kreuz zeigen darauf hin, dass wir uns positiver einstellen und unseren Standpunkt durchsetzen lernen müssen, dass wir Impulse geben und uns nicht bestimmen lassen sollten. Bei *Minuszahlen* hingegen sind unsere Impulse weniger gefragt. Um den Ausgleich zu finden, kommt es darauf an, herauszufinden, in welchem Kreuz Plus-Zahlen sind. Wenn dann beispielsweise das fixe Kreuz eine Pluszahl aufweist und kardinal Minus, dann heisst das, dass wir uns um das kümmern müssen, was wir haben, wir müssen es erhalten und richtig auswerten und weniger impulsiv und vorwärtstreibend auf die Dinge einwirken wollen. Wir sollen geduldiger werden und wissen, dass die Zeit die Dinge zum Reifen bringt.

b) **Plus/Minus im fixen Kreuz** (Beharrungskreuz)

Die Pluszahlen im fixen Kreuz deuten darauf hin, dass wir unsere innere Festigkeit entwickeln sollen. Wir müssen lernen, an unseren Zielen und Plänen festzuhalten und dürfen uns nicht beirren lassen.
Bei Minuszahlen sollen wir nicht zu stur und starrköpfig sein. Wir müssen lernen loszulassen und uns neuen Bedingungen anpassen. Meistens hat dann beispielsweise das veränderliche Kreuz Pluszahlen, um den notwendigen Ausgleich zu vollziehen.

c) Plus/Minus im veränderlichen Kreuz (Kontaktkreuz)

Pluszahlen im veränderlichen Kreuz zeigen auf eine grosse Anpassungsfähigkeit. Wir sollen lernen flexibel auf die ständigen Wechsel des Lebens zu reagieren und wir müssen nicht traurig sein, wenn schöne Dinge vergehen. Bei Minuszahlen sind wir meistens weniger fähig, uns auf neue Dinge oder Menschen einzustellen. Vor allem dann, wenn die beiden anderen Kreuzqualitäten Pluszahlen haben. Diese stehen naturgemäss der sensitiven Anpassung der veränderlichen Natur entgegen. Meistens deuten die Minuszahlen im veränderlichen Kreuz auf eine leistungsorientierte Motivation.

Es ist weit schwieriger die Kreuzqualitäten zu wandeln, weil diese viel tiefer sitzen als die Temperamente. Trotzdem ist es gut, wenn wir die Grundqualitäten der Kreuze gut genug kennen, um uns doch auf eine mögliche Wandlung unserer Motivationen entsprechend den Zahlenwerten einzustellen. Wie bereits wiederholt gesagt, handelt es sich um Ausgleichsprozesse, die weniger schmerzlich verlaufen, wenn wir bewusst und einsichtsvoll mit diesen Entwicklungsgesetzen mitarbeiten.

Zahlen-Vergleich Kreuze/Temperamente

Weisen die Temperamente grosse Plus- oder Minuszahlen auf und die Kreuze weniger, dann sind es unsere Verhaltensweisen, die sich ändern müssen. Meistens geschieht dies im Laufe des Lebens von selbst. Wenn wir uns aber bewusst damit befassen und auseinandersetzen, kann die Wandlung relativ leicht bewerkstelligt werden. Die Verhaltensweisen sind mehr an der Oberfläche. Das Anerzogene ist gewissermassen eine auf unsere Wesenheit aufgeprägte Struktur. Wenn wir genügend lange verändernd darauf einwirken, können wir uns selbst die Verhaltensweisen anerziehen, die wir für richtig erachten. An die rhythmusbestimmte Einstellung der Kreuzqualitäten können wir schwerlich heran, da braucht es dann meistens geistige Wandlungskrisen, die unsere Lebensmotivationen transzendieren.

Es kommt sehr viel vor, dass Menschen in den Kreuzen, also bei den Motivationskräften, eine grosse Plus- oder Minusdifferenz haben (zum Beispiel +30 oder -28) und bei den Temperamenten,also beim Verhalten, weniger hohe Zahlenwerte (zum Beispiel -2 oder +4). Das zeigt an, dass die Motivationskräfte grösseren Veränderungen unterliegen. Plus- oder Minuszahlen in den Kreuzen gehen sehr stark an den Lebensnerv, weil die Konditionierung tiefer greift und bis auf die Motivationsebene einwirkt. Dadurch kann sie sehr nachhaltige Wirkungen hervorrufen.

Bei der Betonung der Temperamentswerte wollte das Milieu nur die Verhaltensweisen steuern. Meistens wurde ständig auf den Menschen eingeredet: »Das musst du so oder so machen«, während es bei den Kreuzen etwa so gelautet hat: »Du musst etwas im Leben erreichen, du musst etwas werden«. Letzteres geht viel tiefer und kann die eigene Motivierung beirren und schliesslich glaubt man noch, dass man das wirklich selbst gewollt hat. Das kann dazu führen, dass wir neben uns selbst vorbeileben und niemals wirklich erfahren, was wir selbst im tiefsten Innern möchten. Selbstentfremdung, Depressionen oder sogar Selbstverlust können die Folgen sein. Die Temperamentszwänge gehen viel weniger unter die Haut, sie sind leichter korrigierbar, wenn einmal der Wille erwacht. Wir können die uns anerzogene Art und Weise des Tuns leichter ändern als die Strukturierung unserer Motivationskräfte.

Bewertung der Zeichen-Auszählung

Eine Erweiterung der Auswertung der Auszählmethode ist die, dass man aus der Kombination von Kreuzen und Temperamenten entsprechende Zeichenqualitäten als Plus- und Minusfaktoren berücksichtigt.

Wenn wir zum Beispiel die Pluszahlen vom fixen Kreuz und vom Erd-Temperament kombinieren, dann ergeben diese das Zeichen Stier (fixes Erdzeichen). Minuszahlen im kardinalen Kreuz und dem Wasserelement ergeben das Zeichen Krebs, ein kardinales Wasserzeichen, usw.

Früher haben wir zu sehr betont, dass man solche Zeichen aufbauen oder abbauen müsse. Auf dem Ausrechnungsbogen der Computer-Horoskope von Astrodata findet man auch heute noch diese Angaben. Die Zeichenqualitäten sind ein spezieller Hinweis auf die Kreuz- und Temperamentsbewertung. Die Tierkreiszeichen sind ja nichts anderes als die Kombination dieser beiden astrologischen Grundelemente. Da wir über die speziellen Tierkreisqualitäten schon so viel detailliertes Wissen besitzen, kann man sich auch leicht auf solche Detailwirkungen fixieren und dabei die wirkliche Bedeutung der Auszählwerte übersehen. Wie bereits gesagt, müssen wir bei der Bewertung immer das Ganze im Auge behalten und erkennen, dass es sich dabei um Regulierungs- und Ausgleichskräfte handelt, die sich sowohl in den Kreuzen, Temperamenten und den daraus resultierenden Zeichen wie auch in den Häusern abspielen. Die ganze Persönlichkeit soll und wird dadurch abgerundet und zum Wachstum angereizt werden. Die Zahlenwerte sollen des weiteren immer auf etwas Drittes, das erreicht werden kann, gesehen werden. Die richtige Auslegung der Plus- und Minusqualitäten hängt davon ab, diese nicht als Gegensätze, sondern als Antagonismen aufzufassen, die sich im Zusammenwirken ergänzen. Die Überbetonungen, die Einseitigkeiten, müssen zurücktreten und sich harmonisch dem anderen Teil zuordnen, um ein bestimmtes Entwicklungsziel zu erreichen.

Beispiel: Stier plus/Krebs minus

Wenn beispielsweise das Zeichen Stier, das sich aus der Kombination von fixem Kreuz und Erdtemperament ergibt, Pluszahlen hat und das Zeichen Krebs (Kombination von Wasser und kardinal) minus, dann heisst das, dass die gefühlsmässige ICH-Überbewertung und Empfindlichkeit des Wasserzeichens Krebs sich der erdnahen und rationalen Stierqualität annähern muss, um in einem harmonischen Gleichgewicht zusammenzuwirken. Man muss also die Zeichen mit Plus und mit Minus irgendwie zusammenbringen. Im Falle von Krebs und Stier darf man sich nicht durch gefühlsmässige Krebs-Reaktionen von seinem Vorhaben, seinen Zielen abbringen lassen, sondern soll stierhaft standfest und beharrlich an die Bewältigung seiner Aufgaben herangehen.

Wenn es umgekehrt wäre, also Stier mit Minus und Krebs mit Plus, dann hiesse es, dass man nicht so stur sein sollte, sondern mehr Gefühl und Empfindsamkeit entwickeln müsste.

Bewertung der Häuser-Auszählung

Die Zeichenbetrachtung betrifft aber nur eine Seite unseres Wesens. Wie wir wissen, bezieht sie sich auf die Anlagen, die wir schon mitgebracht haben. Diese können wir nicht so leicht ändern, weil sie tief in uns drin stecken und meistens ererbte Komponenten beinhalten. Von dieser Betrachtung aus sind sie ähnlich gelagert wie die Motivationskräfte, die von den Kreuzen ausgehen.

Die Häuser beziehen sich hingegen auf die Umwelteinflüsse, die Erziehungs- und Konditionierungswirkung. Die Ebene der Häuser könnte man auch mit den vorher beschriebenen Temperamenten, dem Verhalten, vergleichen.

Da sich unser Leben hauptsächlich in einer Umwelt abspielt, mit der wir täglich konfrontiert sind, sind uns auch die Umwandlungs- und Entwicklungsprozesse in den Häusern bewusster. Die Planeten mit den Zeichenqualitäten werden ja im Leben, in den Häusern wirksam. In den Häusern können wir viel leichter Veränderungen bewirken, indem wir bewusst an uns arbeiten, uns selbst erziehen und Gewohnheiten oder Fehlreaktionen langsam abbauen.

Praktisch wäre das so zu verstehen: Wenn beispielsweise das Zeichen Löwe mit Pluszahlen herauskommt, dann ist es vor allem das 5. Haus, das dem Löwen entspricht, das dominante Forderungen an uns stellt. Wir sollten uns angewöhnen, auch die Zeichen mit Zahlen zu belegen, die ihnen entsprechen, wie zum Beispiel Zwillinge als 3. Zeichen, Stier 2. Zeichen, Krebs 4. Zeichen, Löwe 5. Zeichen usw.

Tierkreiszeichen und Häuser

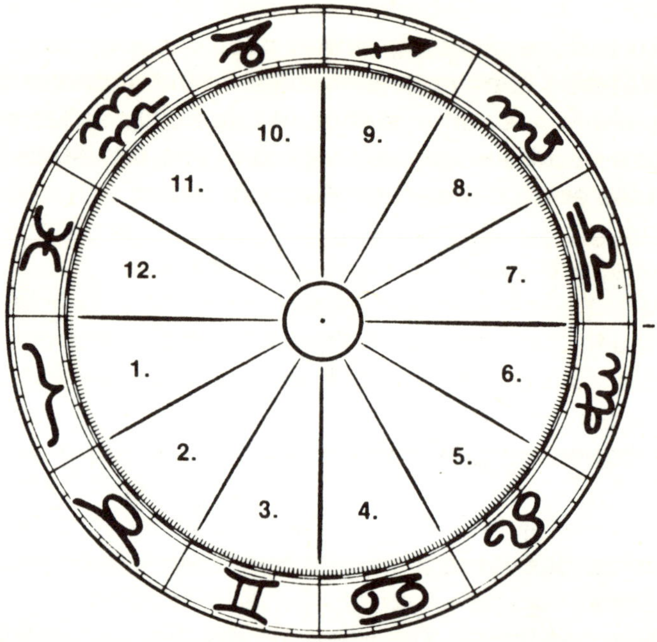

Widder	1. Haus	Waage	7. Haus
Stier	2. Haus	Skorpion	8. Haus
Zwilling	3. Haus	Schütze	9. Haus
Krebs	4. Haus	Steinbock	10. Haus
Löwe	5. Haus	Wassermann	11. Haus
Jungfrau	6. Haus	Fische	12. Haus

Wie bereits gesagt, sind wir in den Häusern Reibungen ausgesetzt. Hier finden die Wachstumskräfte ihr Feld, hier vollzieht sich irgendeine Korrektur, Regulierung, Wandlung oder ein Ausgleich. Deshalb ist die Häuserbetrachtung ergiebiger. Wenn wir in Betracht ziehen, in welchen Häusern Plus- oder Minuszahlen auftauchen, wissen wir, dass wir hier eine besondere Aufgabe haben. Dabei ist unsere eigene Einstellung, unsere innere Haltung gemeint, diese muss und wird sich im Leben ändern. Bei Pluszahlen im Haus sollten wir uns vielleicht etwas positiver zur betreffenden Qualität des Zeichens einstellen, das in diesem Haus steht, bei Minuszahlen sollten wir selbstkritischer werden und uns mehr der Hausqualität anpassen. Die Felder, in die diese Zahlen hineingeraten, sind Bereiche, mit denen wir uns ein ganzes Leben lang befassen müssen, vor allem dann, wenn diese »eingeschlossen« sind, das heisst, wenn die Zeichen keine Häuserspitze haben. Dann kann nämlich die Zeichenqualität nicht im Leben direkt wirksam werden, weshalb wir in diesen Häusern oder Lebensbereichen stets unbefriedigt sind, auch wenn wir von aussen gesehen noch so viel erreichen sollten.

Bei der Zeichen- und Häuserermittlung unterscheiden wir auch noch, ob diese in den Kreuzen oder Temperamenten Wirkungen auslösen. Dabei gehen wir folgendermassen vor: Wenn bei den Kreuzen eine höhere Zahl erscheint, plus oder minus, dann beziehen sich die Wandlungen auf die Kreuze, die Motivationen. Höhere Zahlen bei den Temperamenten auf die Verhaltensmerkmale.

Deutungsregeln

Bei der Ermittlung der Zeichenqualitäten werden die Minuszahlen der Kreuze mit den Minuszahlen der Temperamente kombiniert, natürlich genau so die Pluszahlen mit den Pluszahlen. Dabei können wir davon ausgehen, dass entsprechend unseren bisherigen Forschungsergebnissen nur die Zeichen oder Häuser berücksichtigt werden müssen, die beim Zusammenzählen der zwei Komponenten mindestens 15 Punkte ergeben – die unter 15 sind ohne besondere Bedeutung. In den einzelnen Häusern bewerten wir die ab 8 Minus- oder Pluspunkten. Im Normalfall, wenn fast gar keine Veränderungswerte da sind, dann schon bei 3 oder 4.

Bewertung der Zahlen in ihrer Prägungsstärke

Man kann davon ausgehen, dass die ermittelten Zahlen in folgender Grössenordnung in ihrer Prägungswirkung bewertet werden können:

über	*+35 Punkte*	–	*starke Prägung*
	+35 bis +15	–	*normale Prägung*
	+15 bis +5	–	*wenig Prägung*
	+ 5 bis -20	–	*ungeprägt, vernachlässigt oder relativ frei*
über	*-20 Punkte*	–	*Unterdrückung, Repression oder Freiheit*

Horoskop-Beispiel A

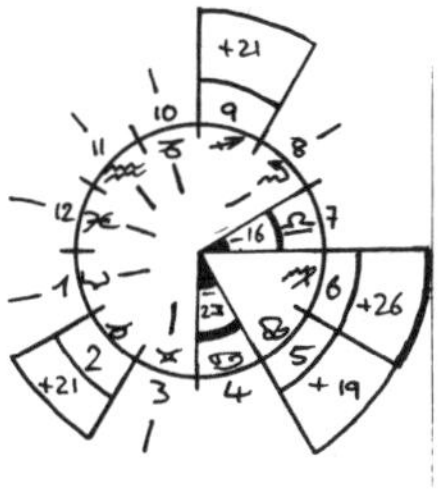

	KREUZE K	F	V		TEMPERAMENTE F	E	L	W
96	38	44	14	Z	18	23	20	35
				F				
104	28	52	24	H	29	39	14	22
MOTIVATION					VERHALTEN			
+8	−10	+8	+10	d	+11	+16	−6	−13
	− ♎ 16				+ ♉ 21	+ ♍ 26	+ ♐ 21	+ ♌ 19, − ♋ 23

(ZEICHEN — Kombination)

Horoskop-Beispiel A

Hier in unserem Beispiel haben wir -10 kardinal und -6 Luft. Das sich aus der Kombination ergebende Zeichen Waage oder das 7. Haus bezieht sich also auf die Motivationsebene, weil die Zahl beim Kreuz grösser ist als beim Temperament.
Hingegen haben wir bei den Temperamenten -13 für das Wasser. Diese Zahl ist höher als die -10 für das kardinale Kreuz, also kommt das Krebszeichen auf die rechte Seite und bezieht sich auf das Verhalten. Wenn wir Krebs als Zeichen in den Temperamenten verstehen ist es die Verhaltensanlage und wenn wir es als Haus verstehen, bezieht es sich auf die aufgeprägte Verhaltensstruktur im 4. Haus, das dem Zeichen Krebs entspricht. Diese verschiedenen Bezugsbereiche muss man bei der Deutung wohl unterscheiden.

Die positive Wirkung der Zeichenqualitäten

Wenn zum Beispiel das fixe Feuerhaus Löwe, also das 5. Haus, Pluszahlen hat, findet die eigentliche Reibung im 5. Haus statt, und wenn wir dann das Löwezeichen heranziehen (das meist in einem anderen Haus steht), so haben wir damit eine Dimensionserweiterung. Aber die Reibung, die Umwandlung und der Ausgleich vollziehen sich im 5. Haus, in der Umwelt nämlich, in Beziehung zum Mitmenschen, wie wir uns im engen Kontakt in der Liebe oder auch zu unseren Kindern verhalten. Dort kommen die Drucksituationen her, dort werden wir ständig anstossen, kommen unter Druck, sind mit den Problemen direkt konfrontiert und müssen eine Lösung finden. Nehmen wir nun das Zeichen, das diesem Haus entspricht (hier Löwe), in welchem Haus das nun immer auch stehen mag, so kommen wir damit zur Entsprechung dieser Qualität, das heisst zu unserer Konstitution zurück, wo es dann an die Substanz geht. Hier im Zeichen haben wir auch die Entscheidungsfreiheit, und nicht im Reibungsfeld der Häuser. Und gerade durch das Korrespondieren zwischen der Reibungsfläche einer bestimmten Qualität (Haus) und inneren Anlage gleicher Qualität (Zeichen) gewinnen wir eine gewisse Distanz zum ganzen Prozess. Wir kommen in die Lage, einen Entscheid zu fällen in dem Sinne: »Will ich das eigentlich? In welchem Grade lasse ich das zu, wie muss ich mich neu einstellen?«

Psychologische Auswirkungen

Aus dem Vorangegangenen geht hervor, dass wir verschiedene Möglichkeiten haben, mit den Zahlen umzugehen und diese zu deuten. Jeder muss jedoch auch hier schöpferisch seinen eigenen Weg finden und aus Erfahrungen mit sich und seinem Horoskop lernen, wie sich diese Zahlenwerte bei ihm psychologisch auswirken.

Man kann beispielsweise die Minuswerte in den Häusern auch so erleben, dass die eigene Umwelt diese Qualitäten nicht in dem Masse haben will, wie ich das von meiner Anlage her glaube erwarten zu dürfen. Ich signalisiere ununterbrochen Wünsche und Gedankenenergien in die Umwelt hinein, die dort nicht ankommen, weil niemand positiv darauf reagiert. Darunter leide ich natürlich sehr. Die Ablehnung und die Grenzen, die mir in der Erziehung und durch die Umwelt gesetzt werden, empfinde ich als schmerzliche Erfahrung des Nichtangenommen-Seins. Deshalb können wir die in den Minushäusern verlangten Forderungen und Bedingungen lange nicht verstehen.

Häuser mit Pluszahlen hingegen sind von der Umwelt her gewollt, hier können wir also leichter durchkommen. Es sind Qualitäten, die ohne weiteres akzeptiert werden, die wir direkt im Leben einsetzen können. Wenn wir also mit den Minushäusern nicht ankommen, dann setzen wir eben bei den Pluszahlen an, also bei den Zeichen und Häusern, die Pluszahlen haben.

Die Synthese oder harmonische Entwicklung erfolgt dann dadurch, dass wir durch die Erfolgserlebnisse in den Plushäusern immer stärker werden, weil wir hier ankommen und keine Probleme haben. Die schwachen, von der Umwelt nicht geförderten Anlagen der Minushäusern werden dann mit der Zeit fast schon automatisch ins richtige Gleichgewicht kommen.

Es ist das *Prinzip der Psychosynthese von Roberto Assagioli,* nicht bei den Schwächen, sondern bei den Stärken anzufangen, weil dort auch genügend Möglichkeiten zur Selbstverwirklichung von der Umwelt angeboten werden. Dadurch werden unnötige Reibungen und Rückschläge vermieden, die schwächend auf den Integrationsprozess der Persönlichkeit oder die Psychosynthese einwirken würden. Erst dann können sich die ebenfalls starken, aber von der Umwelt nicht geförderten Anlagen in den Minushäusern entwickeln.

Schmerz- oder Angstschwelle bei Plus- und Minuszahlen

Die Plus- und Minuszahlen in den Zeichen und Häusern können wir auch als eine Art Schmerz- oder Angstschwelle ansehen. Bei Plus ist diese grösser, weil wir durch die Erziehung manchmal schmerzliche Zurückweisungen erfahren haben, deshalb neigen wir in den Plushäusern zur Verdrängung, vor allem wenn dort Zeichen stehen, die der Qualität des Hauses entgegengesetzt stehen, wie beispielsweise das Zeichen Schütze im 2. Stierhaus. Bei dieser Gelegenheit ist es immer hilfreich, den Kreuz- und Temperamentsvergleich heranzuziehen, um richtig zu verstehen, was da vor sich geht.

Bei einem Minushaus oder -Zeichen ist die Schmerz- oder Angstschwelle niedriger, denn hier besteht kein so starker Druck oder Zwang durch die Umwelt. Hier im Minushaus ist man relativ frei, nicht so belastet durch die Erziehung. Deshalb ist man hier auch nicht so anfällig, weder auf die Meinung der Umwelt, noch auf Angst oder Schmerz.

Grosse Veränderungswerte in den Zahlen

Bei den in der Auszählung ermittelten Zahlen ergeben sich manchmal erhebliche Veränderungswerte zwischen Anlage (Zeichen) und konditionierter Muss-Situation (Häuser) im Leben. Wir haben hier entweder Anpassungsvorgänge, die durchs Leben erzwungen werden, denn das Leben verlangt ganz einfach von uns, dass wir uns mit unserer ganzen Person in diesem oder jenem Bereich einsetzen. Oder wir haben andererseits mittelbare oder unmittelbare, bewusste oder unbewusste Lernprozesse in diesem Bereich zu bewältigen. Wie bereits erwähnt, ist es oft nicht einfach zu unterscheiden, ob es für einen Menschen eine passive, erzwungene Anpassung ist, oder ob sie positiv zu werten ist, was dann im Prinzip einem Wachstumsprozess gleichkommt.

Wenn wir des weiteren davon ausgehen, dass die Minuszahl der Häuser anzeigt, dass wir hier nicht stark strukturiert sind und die Pluszahl auf Grund der Umweltformung auf ein normiertes Verhalten schliessen lässt, dann können wir die einzelnen Häuser anhand ihrer astrologischen Bedeutung relativ einfach kombinieren.

Um Ihnen einen Anhaltspunkt zu geben, wie wir diese deuten können, geben wir Ihnen ein paar praktische Auswirkungsmöglichkeiten für hohe Zahlenwerte in den ersten drei Häusern:

Hohe Zahlenwerte in den ersten drei Häusern:

Plus im 1. Haus: Das persönliche Verhalten entspricht den Normvorstellungen, das eigene ICH ist an die Umweltsbedingungen angepasst und wird sich kaum auflehnen.

Minus im 1. Haus: Das persönliche Verhalten entspricht nicht den allgemeingültigen Massstäben. Solch ein Mensch muss sich sein eigenes ICH-Bild selbst gestalten und kümmert sich wenig darum, was die anderen sagen. Er hat gewisse Freiräume sich selbst zu sein, entsprechend der Zeichenqualität, die in diesem Haus ist.

Plus im 2. Haus: Das Verhalten zu den ökonomischen Forderungen, zu Geld, Mitteln und eigener Substanz ist durch das Milieu geprägt, man kann gut mit den vorhandenen Mitteln umgehen, ist sparsam und oft ängstlich.

Minus im 2. Haus: Hier entspricht das ökonomische Verhalten nicht den allgemeinen Massstäben, entweder kümmert man sich nicht darum, lebt relativ sorglos oder verschwendet die vorhandenen Mittel. Auch hier wird man sich einen eigenen Massstab schaffen, eigene Substanz und eigene Werte entsprechend der Zeichenqualität entwickeln müssen.

Plus im 3. Haus: Das Verhalten zum allgemeinen Wissen ist angepasst. Man entspricht dem Bildungsverlangen der Umwelt und ist leicht zu formen, kann gut mit dem kollektiven Wissen umgehen.

Minus im 3. Haus: Solch ein Mensch hält sich nicht an die Vorschriften, er geht eigene Wege im Denken und im Verhalten. Er hat Mühe, den Lehrzielen anderer zu folgen und sich systematisch bilden zu lassen. Er lernt aus den Gelegenheiten, aus den Zufällen des Lebens entsprechend der Zeichenqualität im 3. Haus.

Bewertung der Gesamtzahl

Die Gesamtzahl auf der linken Seite in unserem Analysenblatt ist die sogenannte Stresszahl. Sie ergibt sich aus der Gesamtsumme Kreuze/Temperamente und ist im Prinzip genau wie die Einzelzahlen bei den Kreuzen und Temperamenten zu bewerten. Wir haben immer ein Energiegefälle zwischen Anlage und Verhaltensstrukturen. Eine Pluszahl deutet an, dass die Erziehung mehr aus der Veranlagung machen wollte, als vorhanden war, das bedeutet im Prinzip immer einen Stress. Bei einer Minuszahl ist die Formung durch die Erziehung und das Milieu zu schwach gewesen. Sie konnte die vorhandenen Anlagen nicht voll zur Entfaltung bringen.
Dabei muss man eine zweifache Unterscheidung treffen, sowohl bei den Plus- wie bei den Minuszahlen.

Minus in der Gesamtzahl

Bei Minus hat die Umwelt nicht so stark auf diesen Menschen eingewirkt, er kann sich also relativ leicht verwirklichen, sich selbst sein und der Umwelt seinen Stempel aufprägen. Ob ihm das aber gelingt, hängt nicht nur von diesen Zahlen ab, sondern von der Geschlossenheit des Aspektbildes.

Ein Mensch mit einem zerteilten Aspektbild wird sich nicht so leicht durchsetzen können, auch wenn eine Minuszahl bei der Gesamtrechnung herauskommt. Die Kohärenz, d.h. die Geschlossenheit eines Aspektbildes zeigt an, dass schon in der Jugend ein starker Kern vorhanden war, der bei einer Minuszahl einer Formung durch die Umwelt bis zu einem gewissen Grad widerstehen konnte, jedenfalls weit mehr als mit einer Pluszahl. Solch ein Mensch wird sich durch kein Milieu total erdrücken oder überformen lassen. Daraus lässt sich noch tiefer gehend auch die innere Reife eines Menschen abschätzen.

Ein Mensch mit einem zerteilten Aspektbild unterliegt meistens dem Druck der Umwelt, passt sich an und lässt sich leicht formen. Wenn bei einem »fahrigen Aspektbild« noch eine Minuszahl erscheint, ist es fast immer ein schwaches Milieu gewesen, das aus diesem Menschen nicht das machen konnte, was aus ihm hätte werden können. Er wird deshalb unbestimmt und unsicher sein, ist oft hilflos den Lebenssituationen ausgesetzt, lässt sich herumstossen und kann auch vermindert lebensfähig sein. Ist das Aspektbild hingegen stark und geschlossen, dann nimmt er die Konditionierung nicht an und kann umgekehrt positiv auf die Welt einwirken und sich selbst verwirklichen.

Es hängt also vom Aspektbild ab, ob eine Minuszahl sich positiv oder negativ auswirkt.

Bei Plus in der Gesamtzahl

Bei Plus ist man immer viel stärker den Umwelteinwirkungen ausgesetzt und auch anfällig auf jeden Anpassungszwang. Wenn einer beispielweise 55 Pluszahl hat, unterliegt er einem starken Druck von der Umwelt her. Er merkt es oft selbst nicht, dass er vollkommen angepasst lebt und wenig von sich selbst und seinen individuellen Möglichkeiten weiss.

Wenn er aber ein starkes kohärentes Aspektbild hat, dann lernt er langsam sich aus diesem Druck zu befreien und sich durchzusetzen. Er kann dann sogar mit wenig Talenten viel erreichen, er kann mit seinen Talenten wuchern, denn er ist gelehrt worden, viel aus sich zu machen.

Wenn er aber ein schwaches Aspektbild hat und eine hohe Pluszahl, dann wird er überfordert und überstresst, was bis zu Selbstentfremdung und Ausgeliefertsein an die Umwelt gehen kann.
Solch einem Menschen fehlt dann vollkommen das Konzept der Freiheit. Er weiss gar nicht, dass es so etwas wie freie Entscheidung überhaupt gibt. In Unkenntnis dieser Möglichkeit leidet er unter dem Müssen und unter dem Zwang einer Situation oder einer Notlage, aus der er sich nicht selbst befreien kann.

Bei *Plus* ist immer eine gewisse *Überformung* vorhanden, hier ist das Milieu und die Prägung ausschlaggebend. Die Konditionierung ist ein Formungsprozess, der meistens am Ende der Kindheit abgeschlossen ist, nachher finden nur noch Modulationen statt. Diese können durch Selbsterkenntnisprozesse gewandelt werden. Vor allem bei Pluswerten und einem einigermassen wirksamen Aspektbild kann manches zum Positiven geändert werden.

Wir müssen zuerst unser Selbstbewusstsein entwickeln und unser ICH als Bezugspunkt zur Umwelt erfahren, bevor wir die Dinge so wahrnehmen und beurteilen können, wie sie wirklich sind und nicht wie wir es gelernt haben. Erst dann können wir uns von äusseren Zwängen befreien. Je weniger wir uns dieses ICHs, dieses Bezugspunktes bewusst sind, um so unselbständiger und abhängiger sind wir von der Umwelt, von den Situationen. Je stärker unser ICH ist, um so fähiger sind wir, in den Ereignisablauf einzugreifen. Das ist die Definition für die Freiheit des Menschen und erst da beginnt der Wille funktionsfähig zu werden. Dann können hohe Pluszahlen als innere Stärke wirksam sein.

Gesamtzahl Null

Wenn die Gesamtzahl Null ist, dann heisst das, Anlage und Konditionierung sind 50 zu 50%. Man könnte glauben, dass dadurch ein ungehinderter Durchfluss von den Zeichen zu den Häusern erfolgt und man wäre eigentlich frei und weniger konditioniert. In Wirklichkeit herrscht dann eine Spannungslosigkeit zwischen den zwei Elementen von Zeichen und Häusern. Diese ist keine bessere Ausgangslage, da keine Entwicklungsdynamik vorhanden ist. Häufig verursacht eine Spannungslosigkeit statische Bewusstseinszustände, die nicht zum inneren Wachstum führen. Für jede Entwicklung ist ein Energiegefälle, eine Spannung notwendig, die hier fehlt. In der Praxis gibt es das auch fast nicht.

Grosse Unterschiede bei Gesamtzahl Null

Es kann aber vorkommen, dass die Stresszahl Null ist und bei Wasser beispielsweise 65 plus und Feuer minus 65.

Obwohl sich das aufhebt, ergibt dies eine starke Pendelmechanik. Das gefühlshafte Wasserelement wurde stark gefördert und das impulsive Feuerelement konnte sich nicht entwickeln. Dieses starke Energiegefälle von plus Wasser und minus Feuer deutet meistens auf unbeherrschtes, aber ängstliches Verhalten des Milieus. Deshalb schwankt solch ein Mensch von einem Zustand in den anderen. Er leidet unter der Überforderung des Gefühlselementes Wasser und fällt dann in einen apathischen Zustand zurück, weil das Feuerelement sich nicht auswirken kann.

Da die Gesamtzahl das Energiegefälle von den Zeichen zu den Häusern aufzeigt, soll diese Stresszahl auch auf die Zahlen bei den Kreuzen und Temperamenten hin untersucht werden. Wenn jemand beispielsweise bei Erde 15, bei Wasser aber 85 plus hat, dann ist es offensichtlich, dass ihn das Milieu durch Einseitigkeit überspezialisiert hat. Wenn die Gesamtzahl um ein Vielfaches kleiner ist als die Aufbauforderung eines Temperamentes, dann gibt das einen Hinweis auf das Mass der eigenen Unfreiheit.

Trotzdem im Gesamtgefüge in der Diskrepanz zwischen Zeichen und Häusern eine Entwicklungsdynamik verborgen liegt, gibt es Fälle, in denen dieses Energiegefälle so gross ist, dass diese Menschen ihm völlig unterliegen. Sie sind ihren Konditionierungen derart ausgeliefert, dass keine Spur von Entwicklung zu entdecken ist, sondern als gegenteiliges Symptom eine eintretende Regression.

Das Verhältnis von der Stresszahl zu den Zahlen bei den Kreuzen und Temperamenten sollte also nicht um ein Vielfaches höher sein. Wenn eine gewisse Höhe der Zahlen erscheint, ist das immer ein Anzeichen, dass ein Ungleichgewicht zur ursprünglichen Wesensart da ist, das wir selbst aus eigenem Befinden in Ordnung bringen sollen. Das heisst, wir müssen versuchen, ein gesundes Flussverhältnis zwischen Zeichen und Häusern zu erreichen, und zwar dadurch, dass wir ein Gleichgewicht der Kräfte anstreben.

Ausgleich der Kräfte

Hat ein Haus eine hohe Pluszahl, dann gehe ich am besten zum Zeichen, das diesem Haus entspricht, und kultiviere die Zeichenqualität, hat ein Haus eine hohe Minuszahl, dann muss ich wohl mehr ins Leben, also in das entsprechende Lebensgebiet, hineinwirken, damit ein Ausgleich möglich wird. Wenn man diese Wandlungs- uns Ausgleichsprozesse richtig betrachtet, dann sind es nicht wirklich die Zeichen- oder Häuserqualitäten, die umgewandelt werden, sondern die Betätigung der Planetenkräfte in den Häusern. Deswegen geht es ja um unsere Bewusstseinswandlung. Dabei ist es auch wichtig zu berücksichtigen, dass unsere Kräfte, die wir betätigen, vom Zentrum nach aussen wirken und eigentlich nicht von aussen als Automatismen durch Anreize und Stimulierungen manipuliert werden sollen.

Jedenfalls gibt es immer ein starkes Energiegefälle, wenn die Zahlen sehr hoch sind und eine grosse Differenz aufweisen. Dann geht es darum, die Mitte zu erreichen, einen Ausgleich der Kräfte bewusst herbeizuführen. Das geht nicht von selbst, daran müssen wir arbeiten und uns bemühen. Darin liegt auch meine Freiheit, ob ich das überhaupt will. Ich kann mich nämlich auch daran freuen, dass ich so konditioniert bin. Es ist kein Mass, ob ich darunter leide oder nicht. Entscheidend ist die Erkenntnis, dass da ein Ungleichgewicht besteht zwischen Wollen und Müssen, zwischen Anlage und Umweltforderung. Dann muss ich herausfinden, wo meine Möglichkeiten der Ausbalancierung liegen, um mich selbst zu verwirklichen, und dann muss ich mich entscheiden. Mich selbst bin ich ganz bestimmt nicht, wenn ich über- oder unterfordert bin. In beiden Fällen kann ich mich nicht genügend selbst sein, sowohl bei Minus- wie bei Pluszahlen.

Man könnte jetzt denken, der Idealfall wäre, wenn wir Kreuze und Temperamente gleich verteilt hätten. Aber darum geht es nicht, das wäre unsinnig und es wäre keine Entwicklung. Vielmehr geht es darum, dass von den Zeichen zu den Häusern eine gewisse harmonische Durchflussmöglichkeit vorhanden ist und dass kein Schleuder-Effekt oder zu starker Druck entsteht. Dieser ist meistens in irgendeiner Form vorhanden, aber fast immer nur in einzelnen Bereichen – und die müssen wir herausfinden, dazu helfen uns die Zahlenwerte.

Die Zahlen können auch als ein Sensibilisierungsreiz aufgefasst werden, dem wir in grösserer Bewusstheit nachkommen sollen, denn er ist ein schicksalsmässiger Bestandteil unseres Wesens und hängt mit der Selbsterfüllung und Selbstverwirklichung zusammen. Wie bereits gesagt, muss das nicht Adaption sein, sondern es sind meistens Wachstumsprozesse. Die Auszählungspunkte zeigen uns an, dass die dort vorhandenen Zeichen und Planeten im Häusersystem eingesetzt werden können. Man soll seine ursprünglichen Anlagen mit diesen Lebensgebieten in Beziehung bringen, diese Qualitäten hineinentwickeln. Das ist ein positiver Auftrag und kein Anpassungszwang. Wir nehmen diesen Prozess selbst in die Hand, kultivieren diese Qualität, bis sie den Ansprüchen des Hauses oder Lebensgebietes entsprechen und dann erfolgreich eingesetzt werden können. Dadurch, dass wir etwas kultivieren, werden wir davon unabhängig. Wir müssen nicht mehr, sondern wir können und dürfen, das ist ein grosser Unterschied. Wer sich einer Situation in passiver Form anpasst, der resigniert und sieht sowieso keine andere Chance oder keine andere Wahl. Wenn man aber weiss, dass darin ein positiver Entwicklungsprozess liegt, dann nimmt man es an, setzt sich dafür ein aus eigener Überzeugung und aus freiem Willen. Es geht schliesslich immer um eine Bewusstseinswandlung.

Horoskop-Beispiel: B

An diesem Beispiel wollen wir die Kombination von Zeichen und Häusern auslegen. Aus der Kombination der Pluszahlen von veränderlichem Kreuz (+20) und Wassertemperament (+50) ergibt sich das Zeichen Fische, das mit Pluszahlen belegt ist. Die verlangte Kultivierung wird im zwölften Haus vorgenommen, denn die Fische sind das zwölfte Zeichen im Zodiak. Deshalb gibt auch das zwölfte Haus darüber Auskunft, wie man sich verhalten muss und welche Aufgaben zu erfüllen sind, um dieser Wachstums- und Entwicklungsforderung nachzukommen.

Das 12. Haus mit Pluszahlen (Fische)

Wenn eine *Löwesonne* sich »zwölfthäuslerisch« benehmen soll, wie hier im Beispiel, dann kann diese Aufbauquote auch als Stress empfunden werden. Sie fühlt sich sicherlich dort verkannt und missachtet, wenn das Zeichen Fische oder das zwölfte Haus Pluszahlen aufweist. Aber in

Horoskop-Beispiel B

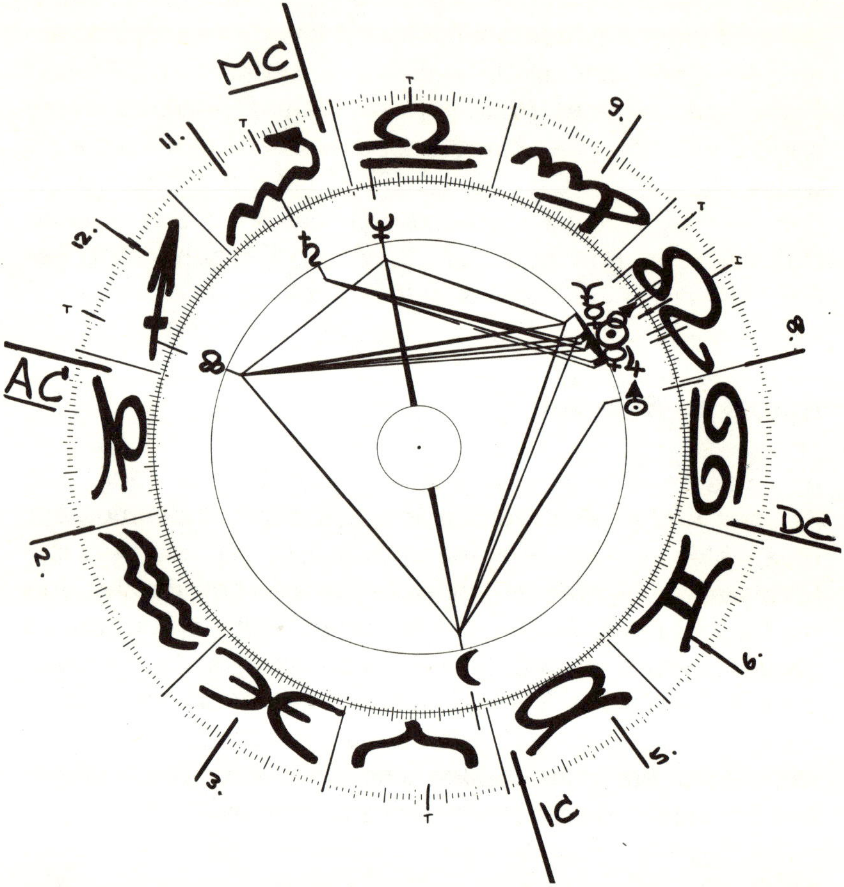

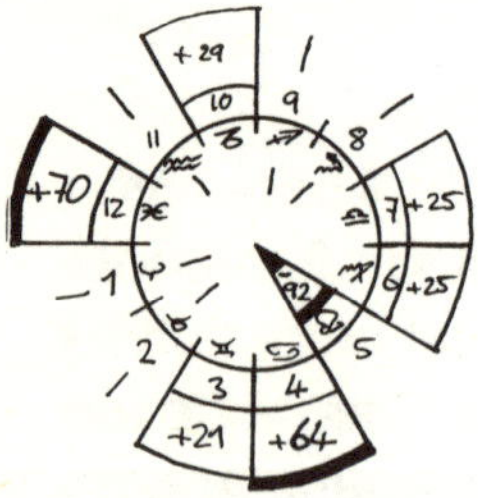

	KREUZE				TEMPERAMENTE			
	K	F	V		F	E	L	W
97	18	75	4	Z	73	0	6	18
				F				
106	32	50	24	H	6	15	17	68
	MOTIVATION				VERHALTEN			
+9	+14	−25	+20	d	−67	+15	+11	+50

	+♊ 21	+♎ 25	+♍ 25	−♌ 92	+♓ 70	+♋ 64	+♉ 29	

(ZEICHEN — Kombination)

Wirklichkeit geht es darum, tiefe eigene Werte zu entwikkeln und sich selbst nicht mehr so wichtig zu nehmen. Das sagt auch die Stellung der Löwesonne im achten Haus aus, dem Feld der Bewusstseinswandlung.

Eigenartigerweise findet man häufig in einem Haus mit hohen Pluszahlen auch noch den Mondknoten, der die Stelle des geistigen Aufstiegs anzeigt. Dadurch wird dieses Haus ein wesentlicher Schicksalsbestandteil und als eine tiefe innere Notwendigkeit oder Forderung von seiten der Umwelt her empfunden.

Obwohl mit gleichzeitiger *Mondknotenstellung im zwölften Haus* wir diesen als starke Forderung empfinden mögen, kann man noch nicht daraus schliessen, dass wir diese Forderung akzeptieren müssen. Vielmehr ist es wichtig zu erkennen, ob wir damit einverstanden sind, ob es in unserem Sinne liegt, oder ob es vielleicht zu einer Wesensentfremdung führen kann, wenn wir uns zu stark isolieren und im 12. Haus mit uns und unseren Gedanken alleine sind. Das könnten diese Stellungen nämlich auch bedeuten.

Wenn man Fische, also das zwölfte Haus, mit hohen Pluswerten aufbauen muss, dann ist der Zug nach geistigen Dimensionen sehr stark, man möchte die ganze Menschheit umfassen, alles verstehen. Man fühlt sich so unendlich gross und ist überzeugt, das Richtige zu tun, dass man dabei glücklich sein kann. Wenn das übertrieben ist, dann soll man sich fragen: »Was nützt es den Menschen, wenn ich mich entziehe und in geistiger Abgeschiedenheit nur lieb denke?« Diese Erkenntnis hilft einem wieder zurückzukommen und von dieser Überforderung, die ja vom Milieu her stammt, Abstand zu nehmen. Man lebt sehr häufig die Forderungen der Eltern einfach weiter, unbesehen, aber wenn wir diese als solche erkennen, dann erleben wir zuerst einen Schock und wollen uns davon energisch befreien. Wenn, wie in unserem Beispiel, das Zeichen Fische 80 Pluszahlen aufweist, dann hat sich die Umwelt stark weltabgewandten Ideen gewidmet, die Prägung wurde durch die Umwelt vorgelebt und dieser Mensch hat sie automatisch, also weitgehend unbewusst, übernommen. Das muss nicht heissen, dass die Eltern dieses Kind ständig auf geistige Dinge hingewiesen hätten, sondern sie waren vorwiegend mit solchen Gedanken beschäftigt, die sich auf das Kind übertragen haben.

Ein weiterer wichtiger Faktor für die Selbstbefreiung ist die Berücksichtigung der Zeichenqualität, die in diesem Haus steht. Wenn Schütze dort ist, wie in unserem Beispiel, dann wissen wir, dass der Schütze eigentlich durch eigenes Denken wieder auf die Menschheit befruchtend und belehrend zurückwirken will. Der Schütze hilft dabei den Ausgleich zu finden, denn sein erstes Motiv ist die Wahrheitssuche.

Man kann sich also von diesen Milieu- oder Häuserprägungen frei machen, wenn wir die Zeichen, die in solchen Häusern stehen (und es können ja im Prinzip alle Zeichen sein) zu Hilfe nehmen. Das gibt eine Entscheidungshilfe, wie man sich ausgleichen soll.

Um es nochmals zu erklären: Wenn wir bei Wasser und im beweglichen Kreuz hohe Pluszahlen haben, dann heisst das Fische bzw. zwölftes Haus. Wir schauen, welches Zeichen im 12. Haus steht und erkennen, welche ursprüngliche Anlage darunter ist. Dann sehen wir, in welchem Sinne diese Überforderung uns veranlasst, es falsch zu machen. Hier in unserem Beispiel ist nicht Fische, sondern Schütze gemeint. Dieses Zeichen bringt den Ausgleich, es liefert einen brauchbaren Ansatzpunkt.

Man sollte sich also nicht zu sehr auf die Zahlen stützen, sondern auf die Qualitäten, die damit gemeint sind. Die Zahlen sind lediglich ein Schlüssel dazu, sie geben uns keine Antwort auf unsere Probleme, sondern sie bieten uns die richtige Denkgrundlage an. Die ganze Auszählung ist nur eine Energiestatistik. Es hat wenig Sinn, an den Zahlen herumzumanipulieren, denn dadurch kann man keine Energieverschiebung vornehmen, sondern es geht darum, die Qualitäten in Ordnung, d.h. ins Gleichgewicht zu bringen.

Häuser mit Minuszahlen

Wir nehmen noch ein anderes Beispiel. Wenn Waage mit Minuszahlen belegt ist, wie beispielsweise im Horoskop A auf Seite 47, dann erfahren wir beim Durchgang durch das 7. Haus mit 36-42 Jahren eine Art Hilflosigkeit, weil wir wenig vorgeformte Strukturen in diesem Lebensbereich haben. Die Minuszahl zeigt an, dass wir in bezug auf Partnerbeziehungen wenig geprägt wurden und mit der ursprünglichen Machart, die das 7. Haus anzeigt, wenig machen können. Man hat uns das zu wenig gelehrt, es wurden in der Jugend keine brauchbaren Beispiele angeboten, deshalb verfügen wir über kein fertiges Instrumentarium. Man kann sagen, dass ein Haus mit Minuszahlen auf wenig Erfahrung durch Nichtbeteiligtsein und Passivität ausgerichtet ist. Man kann in diesem Haus nicht viel selbst anfangen und relativ wenig aktiv eingreifen. Man ist deshalb auf die Wirkungen des Zufalls und den Einflüssen von aussen angewiesen.

Interessanterweise sind aber bei den Minuszahlen in den Momenten Räume der Freiheit vorhanden, in denen wir erkennen, dass wir hilflos sind, weil keine Überstrukturierung besteht. Wir sind relativ frei und können auf unsere ursprüngliche Wesensart, d.h. auf die Zeichen, die in einem Minusfeld liegen, und damit auf unsere Erbanlagen rascher zurückgreifen und diese bewusst zur Funktion bringen. Das Ausschöpfen der ursprünglichen Anlage gelingt uns viel leichter, während wir bei Pluszahlen erst eine ganze Anzahl Überstrukturierungen abbauen müssen, um zu uns selbst zu kommen.

Es können aber auch bei Minuszahlen oberflächliche Zufallsstrukturen entstehen, die wir da und dort aus unserer Umwelt aufnehmen oder nachmachen. Deshalb sind wir auf diesen Gebieten oft unsicher oder wechselhaft; jedenfalls so lange, bis wir im Prozess der Selbsterfahrung uns immer mehr nach den Zeichen hin orientieren. Mit Minuszahlen haben wir sozusagen ein Freiheitsreservoir und können dieses aus eigener Erkenntnis heraus ausschöpfen. Es sind hier immer Möglichkeiten der Selbstgestaltung vorhanden, indem wir uns ein eigenes Verhalten aneignen. In unserem Beispiel A mit Minuszahl im 7. Haus können wir uns entsprechend dem darin stehenden Zeichen Waage ein eigenes Kontaktverhalten bewusst schaffen.

Häuser mit Pluszahlen

Bei Pluszahlen in den Häusern sind wir hingegen stark geprägt und haben in dem entsprechenden Haus oder Feld genügend Kenntnisse und Mittel den Anforderungen gerecht zu werden. Wir besitzen auch genügend Energie, um das entsprechende Lebensgebiet zu meistern. Unsere Energie ist dort gefragt und wir haben auch Erfolgserlebnisse. Wir können uns aber gerade deshalb auch übertun.

Obwohl wir überzeugt sind, dass wir mit unserem Handeln etwas erreichen und äussere Anerkennung finden, ist es für die Entwicklung unseres Selbstes häufig fragwürdig, weil wir uns allzuleicht von uns selbst hinwegbewegen.

Bei Pluszahlen werden wir meistens von der Umwelt her gefordert und gestresst und vom Innenleben abgelenkt. Wir stehen unter irgendeinem Zwang, weil wir übermässig ausgerüstet und auf Erfolge im äusseren Leben programmiert sind. Im allgemeinen meistern wir die Lebenssituationen besser, aber auch eine Überprägung kann eine falsche Prägung sein, vielleicht mit falschen Instrumenten, mit falschen Motivationen, die unserem seelischen Wachstum nicht gut tun. Es ist nicht so einfach zu sagen, wenn ein Zeichen oder ein Haus mit Pluszahlen belegt ist, dass wir in diesem Feld oder Lebensbereich mit allen Mitteln wirken und die Aufgaben dieses Feldes vordergründig erfüllen sollen, damit haben wir noch nicht den Punkt der Freiheit gefunden.

Entwicklungs- oder Befreiungsstufen

Um dahin zu kommen, gibt es verschiedene Entwicklungs- oder Befreiungsstufen. Bis zu dem Moment, in dem wir bewusstseinsmässige Klarheit über unsere individuelle Problematik in einem Haus erhalten haben, sind wir dem Zwang ausgeliefert und erfüllen die Forderungen dieses Lebensgebietes. Erst wenn wir durch die Auszählung und im Arbeiten mit dem Horoskop uns darüber bewusst geworden sind, fängt der Befreiungsprozess an.

Zuerst müssen wir erkennen, ob es für uns wirklich das Richtige ist. Dann können wir als zweiten Schritt das Lebensgebiet, in dem die Pluszahlen stehen, bewusst annehmen. Damit haben wir schon einen Akt des freien Willens getätigt. Wir erkennen auch, dass wir bis dahin starken Konditionierungen unterlegen sind und bis zu diesem Zeitpunkt der Erkenntnis gar nicht verantwortlich waren, sondern absolut unter diesem Zwang der Auf- und Abbaudrükke standen. Wir mussten blind diesen Zwängen folgen, weil wir es selber nicht merkten und uns keine Gedanken darüber gemacht haben. Je höher die Zahl, um so stärker ist der Zwang und die Ungewissheit.

Aber ob es richtig ist, sagen die Zahlen nicht aus. Das ist ein sehr wichtiger Punkt und kann nicht oft genug wiederholt werden. Wie bereits erwähnt liegt die Befreiung darin, dass wir selbst herausfinden, durch eigene Erkenntnis und Selbstbestimmung, was für uns falsch oder richtig ist.

Das 6. Haus mit Pluszahlen (Jungfrau)

Da dieser Prozess sehr wichtig ist und häufig vorkommt, möchte ich ihn noch an einem weiteren Beispiel erläutern.

Wenn wir wie im Horoskop A auf Seite 47 das Zeichen Jungfrau mit Pluszahlen belegt haben (das aus + Erde und +bewegliches Kreuz entsteht), dann ist es das 6. Haus, in dem die Lebensforderungen bewältigt werden müssen, (weil Jungfrau dem 6. Haus entspricht). Zuerst wird uns das Leben fordern, uns sechsthausgemäss um die Existenz zu bemühen. Und zwar deshalb, weil uns das Milieu auf das 6. Haus besonders sensibilisiert hat. Man wurde in der Kindheit auf das 6. Haus hin programmiert. Wenn das Milieu nicht so um die Existenz besorgt gewesen wäre, dann hätte man andere Dinge wichtiger genommen und das 6. Haus hätte keine Pluszahlen erhalten. Die Ursache liegt immer in der Milieueinwirkung, in der Erziehung; die Auswirkungen, die Forderungen liegen in den Lebens-Situationen.

Diesen Forderungen sollen wir nicht erliegen, sondern wir müssen selbst prüfen lernen, ob sie berechtigt sind. Dass sie immer so gewesen sind, heisst noch nicht, dass sie gut oder schlecht sind, auch wenn wir uns ihnen bis jetzt erfolgreich gefügt haben. Jetzt müssen wir sie neu betrachten und aus unserem Gesamtcharakter heraus erkennen, ob diese Forderungen, dieser Zwang uns fördert und zur Lösung unserer Probleme führt, oder ob er uns in unserer Entwicklung hindert, dann dürfen und sollen wir uns davon befreien.

Gerade im sechsten Haus liegen die Probleme tiefer. Sie sind mit unserer Existenz und damit immer mit Angstvorstellungen verbunden, die eine Blockierung verursachen können. Hilfreich ist es auch hier, wenn wir zu dem darin befindlichen Zeichen zurückgehen und dessen Qualität, die ja die Grundlage darstellt, befragen. Dort geht es dann an die Substanz und wir sind fähig, eine richtige Entscheidung zu treffen.

Wenn dann noch der *Mondknoten im sechsten Haus* steht (wie in unserem Beispiel A), dann müssen wir die Frage, die hier durch den Mondknoten gestellt wird, ernst nehmen. Das bedeutet in der Praxis, dass wir mit weltlichen Antworten nicht durchkommen, dass es nicht genügt zu arbeiten, um das tägliche Brot zu verdienen, sondern wir müssen in die Tiefe graben, an die Wurzel unseres Existenzproblems vordringen, weil die eingeschlossenen Zeichen meistens auf eine karmische Aufgabe hinweisen. Es wird dadurch länger dauern, bis wir die richtige Antwort auf unser Lebensproblem finden. Bis zu diesem Zeitpunkt unterstehen wir einer Existenzangst, die wir solange nicht abweisen können, bis wir herausgefunden haben, warum wir dieser Angst, diesem äusseren Zwang unterliegen; erst dann können wir eine Entscheidung treffen, ob wir ihr eine Berechtigung einräumen wollen oder nicht.

Der Alterspunkt durch das 6. Haus mit Pluszahlen

Wenn wir mit dem Alterspunkt durch das sechste Haus gehen, das mit Pluszahlen belegt ist, dann können wir in dieser Durchgangsperiode vom 30.-36. Lebensjahr das existenzielle Problem, das das 6. Haus in sich birgt, sehr schmerzhaft zu spüren bekommen. Entweder leben wir in Unsicherheit, unter einem ständigen Zwang und Druck der Lebens- und Existenzbewältigung oder unsere Lebenskräfte erlahmen und wir werden krank. Es kann auch sein, dass wir in dieser Lebensperiode einfach nicht aus den täglichen Arbeitsmengen herauskommen und deshalb auf viele andere Dinge verzichten müssen. Wir müssen eben lernen, unsere Pflichten zu erfüllen, gleichgültig, ob diese uns behagen oder nicht. Und indem wir sie ohne inneren Widerstand auf uns nehmen, findet eine Bewusstseinswandlung statt. Es ist ein Prozess des Erkennens und Annehmens. Schon die Erkenntnis, dass in diesem Lebensgebiet ein wichtiges Lebensproblem, eine karmische Aufgabe liegt, hilft uns damit fertigzuwerden.

Mit dem Mondknoten als geistigen Aufstiegspunkt kann die wirkliche Freiheit nur dann erlangt werden, wenn wir unsere eigenen Wünsche zurückstecken, unsere Existenz in eigener Selbstverantwortung auf uns nehmen, ohne auf die Mithilfe von anderen zu warten. Die Freiheit dabei ist die Erkenntnis, dass wir diese Schicksalsforderung annehmen müssen. Wenn dann noch im Horoskop angezeigt ist, wie im Beispiel A mit der Stiersonne, dass wir auf Sicherheit und Stabilität angelegt sind, dann besteht die Entwicklung darin zu akzeptieren und zu lernen, mit dieser Unsicherheit leben zu können. Und von da an ergeben sich Möglichkeiten zu einem befriedigenden Wachstum und Aufstieg.

Es ist eine alte Weisheit, dass nur jener in Schwierigkeiten mit sich selbst und seiner Welt kommt, der im Widerstreit mit ihr lebt. Dadurch gerät man aus dem harmonischen Austauschprozess von innen und aussen, oben und unten. Deshalb ist es wichtig, immer die eigene Mitte aufzusuchen und fest verankert im eigenen Zentrum stehen, die Welt und ihre Forderungen positiv anzunehmen, aus eigener Erkenntnis und aus freiem Willen heraus.

Schlussfolgerungen

Solange wir einen Teil unseres Wesens, wozu die Umwelt genauso gehört wie unser Selbst, verdrängen, ist unser Horizont durch die Nichtbeachtung der Realitäten der Lebensmöglichkeiten beschränkt. Diese Entscheidungen sind daher unreif und nicht von innen heraus gefällt, sondern richten sich nach dem, was überliefert wird, oder was die Lehrer oder die Eltern oder sonst eine höhere Instanz gesagt hat. Man ist konditioniert und handelt nur nach dem, was anerzogen wurde. Dieses standardisierte Verhalten, das heute noch die Welt nach dem Massstab von Gut und Böse, Schwarz und Weiss einteilt, muss man abstreifen und sich aus den festgefahrenen Systemen lösen, wenn man die innere Totalität gewinnen will. Man muss die Beurteilung von richtig und falsch individuell nach persönlichem Wissen und Können treffen. Dadurch richtet man sich immer mehr nach der eigenen Mitte aus, wird sich seines Selbst und seiner Individualität bewusst und erkennt dadurch auch die Aufgabe, die man in der Welt zu übernehmen hat.

Dies erfordert einen Prozess dauernder Selbstbefragung und Selbstkontrolle sowie ein schöpferisches Umgehen mit den ermittelten Zahlenwerten. Erst wenn wir selbst erfahren haben, warum wir das oder jenes tun müssen, können wir aus eigener Verantwortung leben und handeln. An Stelle der kollektiven Normen oder eines Über-ICHs sollte das Selbst als bewertende und urteilende Instanz treten. Der Mensch, der diese Ganzheit oder Gleichschaltung mit seinem inneren Wesen und seiner Welt erreicht hat, orientiert sich nur noch an sich selbst und den realen Erfordernissen des Lebens und nicht an aufgezwungenen Massstäben. Er arbeitet bewusst mit den Plus- und Minus-

Zahlen, gleich einem Künstler, der sein eigenes Leben mit voller Überzeugung lebt und sich eine neue Wirklichkeit schöpferisch gestaltet. Er hat das Wagnis der Individualität auf sich genommen und trägt auch die volle Verantwortung für sein Tun und Lassen als Ausdruck einer neugewonnenen ethischen Autonomie. Solch ein Mensch wendet sich dann positiv der Welt zu, nimmt diese in sich auf, weil er sich als Teil des Ganzen erkennt. Er kann dann die gleichen Aufgaben erfüllen, dieselben Menschen um sich haben, aber seine Einstellung dazu ist eine andere geworden, was die Umwelt auch meistens wahrnimmt. Ein Mensch, der diese Ganzheit oder Totalität errungen hat und mit sich und der Welt eins geworden ist, bildet mit seiner gefestigten Persönlichkeitsstruktur und seinem erweiterten Bewusstsein einen Halt- und Stützpunkt für viele, für das Kollektiv, und wird auf diese Weise zum Helfer oder zum Diener der Menschheit.

Das sind grosse Worte und Gedanken, aber wir sollten uns all der Möglichkeiten bewusst werden, die wir mit der Kenntnis des individuellen Horoskopes und der dynamischen Auszählung erreichen können. Allerdings hängt jede Entwicklung vom Menschen selbst ab. Wir hoffen jedenfalls, Ihnen einen Einblick gegeben zu haben, wie die Auswertung der Auszählung in den Zeichen und Häusern vor sich geht und wie wir dadurch ein echtes entwicklungspsychologisches Instrument in die Hand bekommen. Es ist nicht einfach, die qualitativen Unterschiede in der Haltung zum Leben mit den verschiedenen Entwicklungs- und Umwandlungsprozessen zu schildern, die die Plus- und Minuszahlen anzeigen. Es gibt dafür – wie für alle astrologisch-psychologischen Aussagen keine allgemeingültigen Rezepte. Auch wenn Sie mit diesen Zahlen noch nicht erfolgreich umgehen können, so können Sie doch selbst einmal die Haltung des Forschers einnehmen und vielleicht noch eigene Erkenntnisse dazugewinnen, die Ihr Leben bereichern können.

Schliesslich werden wir ja alle vom Leben selbst dazu gebracht uns zu wandeln, um zu einem harmonischen Ganzen zu reifen, durch das das innere Selbst hindurchstrahlen kann. Aus unserem tiefsten Innern kommen die Hauptimpulse für unsere Entwicklung. Diese Kraft, die in uns allen wirkt, ist dieselbe, die dem Schöpfungsgeschehen und der Evolution zugrunde liegt, die alle Dinge neu macht und alles zu einem Endziel hinführt. Sie regiert und formt uns immerfort, bis wir die gewünschte Abrundung unseres Wesens erreicht haben.

Astrologische Psychologie 3

Lebensuhr im Horoskop

Altersprogressions-Methode

Bruno und Louise Huber

Band I
Struktur, Wirkungsweise, Technik der Altersprogression

Band II
Anwendungsregeln der Altersprogression

Neuerscheinung 1985

Band III
Die geistige Bedeutung der Altersprogression

Neue Entwicklungen in der Astrologie

Aus der alten Sternenweisheit des Altertums hat sich ein komplexes psychologisches und geistiges Konzept vom Menschen entwickelt, das weit über alles bisherige hinausgeht.

Bruno und Louise Huber beschreiben in drei Bänden ihres Lehrwerkes »Lebensuhr im Horoskop« eine

völlig neue, dem heutigen Menschen angepasste Altersstufentheorie.

Aufgrund jahrelanger Forschung in ihrem Astrologisch-Psychologischen Institut (API) in Adliswil bei Zürich und vorher im Institut für Psychosynthese in Florenz, haben sie festgestellt, dass so, wie die Sonne während eines Jahres durch den Tierkreis wandert, ein jeder Mensch einen Alterspunkt hat, der sich wie ein Uhrzeiger während seines Lebens durch sein eigenes Horoskop bewegt. Von dieser Lebensuhr kann jeder, auch der astrologisch Unkundige **mit einem Blick in sein Horoskop** sofort ablesen, wo sein Uhrzeiger gerade im Leben steht und welche psychologischen und geistigen Entwicklungen vor ihm oder bereits hinter ihm liegen.

In den zwei ersten Bänden der Lebensuhr wird die Methode und Technik der Altersprogression in leichtverständlicher Sprache beschrieben. In diesem nun vorliegenden 3. Band kommt eine faszinierende geistige Dimension hinzu, die vielen Menschen Orientierung und Lebenshilfe gibt.

Band I: Struktur, Wirkungsweise, Technik der Altersprogression
Phasen und Zyklen im Leben und im Horoskop
336 Seiten, 50 Abb., ISBN 3 85523 003 X, Ln., Fr. 36.–/DM 42.–

Band II: Anwendungsregeln der Altersprogression
Praktische Beispiele. Das Horoskop von C. G. Jung
368 Seiten, 90 Abb., ISBN 3 85523 004 8, Ln., Fr. 44.–/DM 52.–

Band III: Die geistige Bedeutung der Altersprogression
Teil I: Psychologische Dimensionen. Teil II: Der geistige Weg
260 Seiten, 30 Abb., ISBN 3 85523 005 6, Ln., Fr. 38.–/DM 44.–

Astrologische Psychologie 5

Die Tierkreiszeichen

Reflexionen – Meditationen

Louise Huber

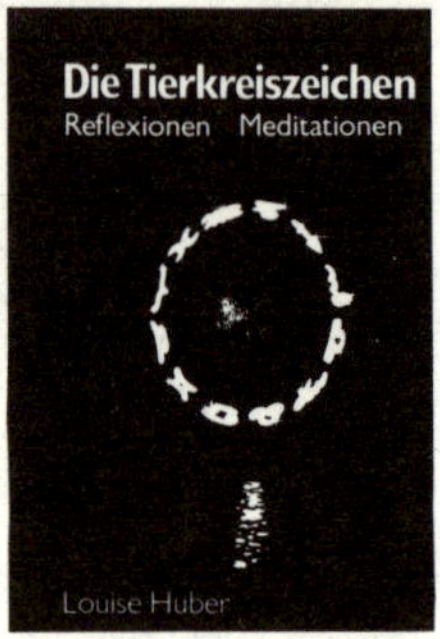

In diesem Buch schildert die Autorin in einmaliger Art die kosmischen und planetarischen Zusammenhänge der zwölf Tierkreiszeichen. Sie vermittelt neue Perspektiven, wie man durch monatliche Tierkreis-Meditationen tiefer in die Hintergründe der Zeichenqualitäten und des eigenen Schicksals eindringen kann. Anschaulich beschreibt sie die psychologischen Auswirkungen, den geistigen Weg und die Wandlungskrisen für jeden in seinem Tierkreiszeichen Geborenen, wodurch sich neue Möglichkeiten des persönlichen und geistigen Wachstums auftun.

Ein Buch, das jeder geistig Suchende haben sollte!

Aus dem Inhalt:

Erde und Tierkreis. Der Zodiak: eine Projektion menschlichen Fühlens und Handelns. Die zwölf Archetypen. Die »Aura der Erde«. Die Wissenschaft der Meditation. Die drei Vollmondfeste Widder, Stier, Zwillinge. Ausführliche Beschreibung, Visualisationsübung und Meditation jedes einzelnen Zeichens.

2. Auflage 1983
ISBN 3 85523 005 6
407 Seiten, 16 Abb., gebunden
Fr. 40.–/DM 48.–